Süße Sünden
die keine sind

Lust auf Rosa? Das Rezept zu unserem Titelfoto finden Sie auf Seite 30

Charlotte Bucket

Süße Sünden die keine sind

Weltbild

Inhalt

LIEBLINGSKUCHEN
Locker genießen 6

Wer Süßes liebt und unbeschwert genießen möchte, findet hier die besten
Tricks aus der modernen, figurbewussten Backstube. Sie erfahren alles über
das notwendige Fett beim Backen und die Möglichkeiten, Fett zu reduzieren,
ohne auf Geschmack zu verzichten.

KÖSTLICHES MIT OBST
Fruchtig-leicht genießen 11

Der Frühling lockt mit Rhabarber, der Sommer mit Beeren, der Herbst mit
Äpfeln und Birnen, der Winter mit Südfrüchten aller Art. Leichte Obstkuchen
sind zu jeder Jahreszeit beliebt und bringen immer wieder vielseitige fruchti-
ge Frische auf den Kaffeetisch.

AUS OMAS BACKSTUBE
Fettarme Klassiker 41

Blechkuchen, Napfkuchen, feine Torten: Die heißgeliebten Klassiker aus
den Rezeptbüchern unserer Mütter und Großmütter können bei aller
Geschmacksfülle fettarme Genüsse sein, wenn man sie mit ein paar Tricks
abwandelt. Das zeigt dieses Kapitel auf die köstlichste Art.

SÜSSE KLEINIGKEITEN
Fein, leicht und schnell   69

Wenn überraschend Gäste kommen, wenn Sie für den Kindergeburtstag
backen oder wenn Sie zu einem Fest etwas Feines mitbringen wollen:
Muffins, Schnittchen und kleine Kuchen sind schnell gemacht, lassen
Genießeraugen leuchten und verschönern den Alltag.

WEIHNACHTSBÄCKEREI
Feines im Advent   99

Zu keiner Zeit wird bei uns so viel gebacken wie im Advent. In diesem
Kapitel finden Sie feine, fettarme Bäckereien, die das Herz erwärmen,
ohne sich auf die Hüften zu legen. So können Sie sogar Stollen, Plätzchen
und Torten unbeschwert genießen.

LEICHTE DESSERTS
Süßes aus dem Ofen   115

Etwas Süßes zum Abschluss eines guten Essens ist einfach die Krönung.
Planen Sie ein Rundum-Sorglos-Menü mit einem wunderbaren Dessert
aus dem Backofen, das Ihre Gäste und Ihre Familie zum Staunen bringt.

Über dieses Buch 126
Von A bis Z 127

LIEBLINGS-KUCHEN

Locker genießen

Lust auf Leicht

Low Fat liegt im Trend, denn wir lieben Süßes und wollen es genießen – und das unbeschwert von buttergewichtigem Traditionsgebäck, dicken Creme- und üppigen Sahnetorten. Wohlgefühl und Genuss sind uns dabei genauso wichtig wie unsere körperliche Fitness. Denn wer sich wohl fühlt, leistet mehr, und wer die Harmonie von Körper und Seele pflegt, kann auf gute Gesundheit hoffen.

Gesunder Genuss statt Entsagung

Heißt das etwa, wir entsagen von nun an den süßen Sünden? Natürlich nicht! Wir genießen einfach das Süße und sparen trotzdem Kalorien – ganz ohne zu mogeln! Denn jedes Gebäck in diesem Buch ist ein Leichtgewicht, gemessen an seiner »normalen« Zubereitung: Es enthält maximal 10 Gramm Fett pro Portion, meist sogar viel weniger. Zum Vergleich: Ein Tortenstückchen belastet die schlanke Linie mit durchschnittlich 17 Gramm Fett, und auch Obstkuchen schlägt mit 15 Gramm pro Stück zu Buche.

Die moderne Backstube …

… verwendet eine ganze Reihe von Lebensmitteln, die Gebäck zum schlanken Genuss machen. Fett kann man durch Fruchtpüree einsparen: Mit normalem Apfel- und Pflaumenmus, zerdrückten Bananen und eingeweichten, pürierten Trockenfrüchten reduziert man die Fettmenge in Rührkuchen um mindestens die Hälfte; Rezepte dazu sind zum Beispiel Kirschkuchen (Seite 30), Vanillekuchen (Seite 60) und Nektarinentörtchen (Seite 88). Bei den Bananen-Bagels (Seite 84) kommen Sie sogar mit nur zwei Esslöffeln Öl aus.

Der Winterstrudel (Seite 120) wird mit türkischen Teigblättern anstelle von klassischem Strudelteig mit Öl gebacken. Und für Tortenfüllungen nimmt man magere Quark- und Joghurtmischungen; Milchreis und Vanillepudding sind genauso schön üppig wie Buttercreme und Sahne, aber eben viel leichter.

In diesem Buch finden Sie Alternativen, die Sie ohne Reue genießen können: Cremeröllchen mit Zitronenquark (Seite 92), köstlichen Zwetschgenkuchen mit Milchreis (Seite 26) oder Kokostorte mit Rosenblättern (Seite 42). Sie sind genauso schön, köstlich und raffiniert wie ihre kalorienreichen Geschwister.

Fettreduzierte Butter und Margarine

Joghurtbutter sowie Butter und Margarine mit halbem Fettgehalt eignen sich ausgezeichnet für kalorienärmeres Backen. Joghurtbutter enthält fast 16 Prozent weniger Fett als normale Butter; das bedeutet für den normalen Mürbeteig 13 Gramm. Mit Halbfettbutter und -margarine spart man die Hälfte an Backfett ein. Besonders gut eignen sie sich für Obstkuchen und Tortenböden mit Cremes und Quarkmischungen. Margarine enthält Magermilch und Lezithin. Beim Kauf sollten Sie darauf achten, welche Sorten nur als Brotaufstrich und welche zum Backen verwendet werden können. In Reformhäusern gibt es reine Pflanzenmargarine mit Olivenöl. Man kann damit jedes süßes Gebäck zubereiten und hat dazu noch gesundheitliche Vorteile: Olivenöl schützt Herz und Kreislauf. Die Deutsche Gesellschaft für Ernährung (DGE) setzt das Limit bei 75 Gramm reinem Fett pro Tag. Dazu gehört nicht nur das Fett zum Backen, sondern auch aus Fleisch und Wurst, Ölen und Milchprodukten.

Joghurtbutter lässt sich auch direkt aus dem Kühlschrank schön cremig rühren – ideal für Menschen, die spontan etwas Schönes backen möchten. Sie gibt Obst-Tortenboden, Napfkuchen und Muffins ein feinsäuerliches Joghurt-Aroma und dabei den vollen Buttergeschmack.

Öl beim Backen

Gesunde Pflanzenöle eignen sich hervorragend zum Backen. Gut schmecken nussige Öle aus Sonnenblumen, Raps oder Erdnüssen. Gute Backeigenschaften hat Sojaöl und ist zudem eine gute Lezithinquelle. Keimöle aus Weizen und Mais und Delikatessen wie Öl aus Traubenkernen, Haselnüssen, Walnüssen und Kürbiskernen verwendet man so sparsam wie Gewürze.

Eier im Kuchen

Eigelb sorgt für eine lockere Gebäckkrume, Eiweiß gibt ihm Halt. Für bestimmte Teige sind Eier jedoch gar nicht notwendig: Mürbeteig wird noch knuspriger, wenn Sie das Ei durch Essig ersetzen. Hefeteig macht man mit Frischkäse, Quark oder Joghurt. Nur für drei Teigarten brauchen Sie Eier: Biskuit wird durch Eischnee locker und flaumig. Brandteig kann sich beim Backen nur mit Eiweiß hoch aufplustern und große Luftporen bilden. Und Baiser ist ein reiner Eiweißteig, dabei enthält es kein Cholesterin und kaum Fett.

Den Fettgehalt kennen

Fett ist ein Aromaträger, und auch beim kalorienbewussten Backen soll der Geschmack nicht zu kurz kommen. Wichtig ist nur, die Menge in Grenzen zu halten. Und da hilft ein wenig Warenkunde:

▷ Schokolade Sie besteht aus dunklen, zerkleinerten Kakaobohnen, heller Kakaobutter, Milchpulver und Zucker. Die Qualität hängt von der Menge der dunklen Kakaobestandteile ab: je dunkler sie ist, desto mehr Kakao und desto weniger Fett und Milchpulver enthält sie.

▷ Kokos Die aromatische Kokoscreme ist eine cholesterinfreie Alternative zu Sahne und Crème fraîche. Im Fettgehalt entspricht sie anderen Nüssen – deshalb beim Backen sparsam mit Raspeln und Flocken umgehen. Außerdem besteht ihr Fett ausschließlich aus gesättigten Fettsäuren, die man nur maßvoll verzehren sollte.

▷ Pecannüsse sind mit Walnüssen verwandt. Sie haben eine dünnere Schale und dafür mehr »Nuss«. Von allen Nüssen enthalten sie am meisten Fett, doch nur gesunde, mehrfach ungesättigte Fettsäuren.

▷ Milchprodukte Sie sind notwendig – zum Backen und für die gesunde Ernährung. Doch bei der großen Auswahl ist der Fettgehalt kein Problem. Zu den schlanken Produkten gehören fettarme Milch, die genauso gut wie Vollmilch schmeckt und sich wegen ihres hohen Eiweißgehaltes sogar noch besser zum Backen eignet. Das gilt auch für Buttermilch und fettarmen Joghurt, die ebenfalls kaum Fett enthalten, den Teig jedoch aromatisch und locker machen. Kaffeesahne mit 10 Prozent kann man anstelle von Sahne für Cremes nehmen – allerdings genau wie Milch nur mit einem leistungsstarken Stabmixer steif schlagen. In den Rezepten finden Sie deshalb Sprühsahne aus der Dose, die man in geringsten Mengen verwenden sollte. Leichter Frischkäse mit Joghurt enthält nur knapp 15 Gramm Fett auf 100 Gramm, mit Buttermilch-Frischkäse kommen Sie sogar nur auf 6 Gramm. Zum Vergleich: Doppelrahmfrischkäse liefert satte 29 Gramm Fett. Und die cremige Alternative zu Magerquark ist eine Quarkzubereitung im praktischen 500-Gramm-Becher, die insgesamt nur 10 Gramm Fett enthält und – mit frischen Früchten vermischt – eine feine Tortenfüllung ergibt.

Fett für die Form ist nicht notwendig, denn es gibt ja Backpapier. Wer darauf verzichtet, braucht ein Stück Butter oder Margarine in der Kuchenform, einen Schuss Öl auf dem Blech, damit sich das fertige Gebäck wieder gut ablöst – auch bei beschichteten Formen. Den Rand der Springform brauchen Sie nicht zu fetten; es genügt, den Kuchenboden rundherum mit einem Messer zu lösen.

KÖSTLICHES MIT OBST

Fruchtig-leicht genießen

Kiwitorte ▷

4,8 g Fett/Stück

Zubereitungszeit 30 Minuten Backzeit 20 Minuten

Zutaten

Für den Teig

80 g Joghurtbutter

80 g Zucker

2 EL Weißweinessig

200 g Mehl

½ TL Backpulver

Für den Belag

500 g Kiwis

1 EL Honig

1 EL Orangensaft

2 EL Weinbrand

1 EL Vanillezucker

1 Den Boden einer Springform (26 cm Ø) mit Backpapier auslegen. Ofen auf 200 °C (Umluft 180 °C, Gas Stufe 3) vorheizen.
2 Die weiche Butter, den Zucker, den Essig und 2 Esslöffel Wasser miteinander verrühren. Das Mehl sieben, mit dem Backpulver mischen und unterrühren.
3 Den Teig in die Form drücken und auf der mittleren Schiene in 20 Minuten hellbraun backen.

Herausnehmen und auf einem Kuchengitter abkühlen lassen.
4 Die Kiwis schälen und würfeln. Den Honig mit dem Orangensaft, dem Weinbrand und dem Vanillezucker erwärmen und dabei verrühren. Die Kiwis damit mischen und auf dem Kuchenboden verteilen. Die Torte mit Sahnerosetten aus der Sprühdose garnieren. Zum Servieren in 12 Stücke schneiden.

Nusskuchen mit Pflaumen

7,4 g Fett/Stück

Zubereitungszeit 30 Minuten Backzeit 45 Minuten

Zutaten

Ergibt 12 Stücke

Für den Teig

50 g Joghurtbutter

100 g Zucker

50 g Apfelmus

3 Eier

200 g Mehl

50 g gem. Nüsse

½ TL Backpulver

Für den Belag

800 g Pflaumen

1 Den Boden einer Springform (26 cm Ø) mit Backpapier auslegen. Ofen auf 180 °C (Umluft 160 °C, Gas Stufe 2) vorheizen.
2 Butter und Zucker schaumig rühren. Das Apfelmus und die Eier darunterrühren. Dann die Mehl-Nuss-Backpulvermischung darunterheben.
3 Die Pflaumen waschen, halbieren und entsteinen.

4 Den Teig in der Springform verteilen und dicht an dicht mit den Pflaumenhälften belegen. Den Kuchen auf der unteren Schiene im Ofen in etwa 45 Minuten hellbraun backen. Herausnehmen, aus der Form lösen und auf einem Kuchengitter abkühlen lassen. Den Kuchen mit Puderzucker bestäuben und in 12 Stücke schneiden.

Käsesahnetorte mit Grapefruit

9,5 g Fett/Stück

Zubereitungszeit 1 Stunde Backzeit 20 Minuten Kühlzeit 4 Stunden

Zutaten
Ergibt 12 Stücke
Für den Mürbeteig
150 g Mehl
50 g Halbfettbutter
2 EL saure Sahne
60 g Zucker
1 Prise Salz
3–4 EL kaltes Wasser
Für den Biskuitteig
2 Eier
50 g Zucker
30 g Mehl
1 Pck. Vanille-
Puddingpulver
1 TL Backpulver
Für den Belag
2 Orangen
2 rosa Grapefruits
500 g Magerquark
300 g Buttermilch-
Frischkäse (oder
Magerquark)
125 g Zucker
2 Pck. Sofort-
Gelatine
2 Eiweiß
100 g Sahne
Außerdem
Klarsichtfolie
3 EL Orangen-
marmelade

1 Das Mehl mit der weichen Butter, der sauren Sahne, Zucker, Salz und dem Wasser verkneten. Den Teig in Folie wickeln und 45 Minuten kühl stellen.

2 Den Ofen auf 200 °C (Umluft 180 °C, Gas Stufe 3) vorheizen. Die Springform (25 Ø cm) mit Backpapier auslegen. Den Teig in die Form drücken, aber keinen Rand formen. Mit einer Gabel mehrmals einstechen und im heißen Backofen (mittlere Schiene) etwa 10 Minuten vorbacken.

3 Die Eier trennen, die Eiweiße mit dem Wasser halb steif schlagen. Den Zucker zugeben und schlagen, bis der Eischnee steif und cremig ist. Die Eigelbe nacheinander unterrühren. Das Mehl mit dem Puddingpulver und dem Backpulver mischen, auf die Eiermasse sieben und unterziehen.

4 Den Mürbeteig herausnehmen, mit der Orangenmarmelade bestreichen und den Biskuitteig darauf glatt streichen. Wieder in den Ofen schieben und noch 10 bis 15 Minuten backen, bis der Biskuit zartbraun ist.

5 Die Orangen und die Grapefruits schälen und die Filets mit einem Messer herausschneiden. Den Saft dabei in einer Schüssel auffangen. Den Quark zusammen mit dem Frischkäse und Zucker in die Schüssel mit dem Saft geben und cremig rühren. Die Gelatine unterrühren. In einer Schüssel die Eiweiße, in einer anderen die Sahne steif schlagen. Beides nacheinander unter die Quarkcreme ziehen.

6 Für die Dekoration 6 Esslöffel der Creme abnehmen und einige Orangen- und Grapefruitfilets beiseitelegen. Die übrigen Filets unter die Creme heben.

7 Den abgekühlten Tortenboden auf eine Platte legen und den Springformrand darum schließen. Die Creme auf dem Tortenboden glatt streichen. Die Torte etwa 4 Stunden im Kühlschrank kalt stellen, bis die Creme schnittfest ist. Den Springformrand vorsichtig abnehmen, die Torte mit Cremetupfen und den Orangen- und Grapefruit-Filets garnieren.

Quittenkuchen

5,2 g Fett/Stück

Zubereitungszeit 30 Minuten Backzeit 40 Minuten

Zutaten

Ergibt 12 Stücke

Für den Belag

800 g reife Quitten

500 ml Apfelsaft

2 EL Zitronensaft

50 g Zucker

1 gehäufter EL
Speisestärke

200 g Kaffeesahne

1 Ei

Für den Teig

200 g Mehl

50 g Zucker

1 Prise Salz

Schale von
½ Bio-Zitrone

75 g weiche
Halbfettbutter

7–8 EL kaltes Wasser

Außerdem

4–5 EL Zimtzucker

1 Wähenform
(30 cm Ø)

1 Die Quitten waschen und abtrocknen. Dann vierteln, schälen, das Kerngehäuse großzügig herausschneiden und die Viertel in Spalten teilen.
2 Den Apfelsaft mit dem Zitronensaft und dem Zucker in einem breiten Topf zum Kochen bringen. Die Quitten darin in etwa 3 Minuten halbweich garen. Mit einem Schaumlöffel herausheben, auf einen Teller legen und abkühlen lassen.
3 Den Quittensud bei starker Hitze unter häufigem Rühren etwa zur Hälfte einkochen. Von der Kochstelle nehmen. Speisestärke mit Sahne glatt rühren und anschließend unter den Sud mischen.
4 Den Backofen auf 200 °C (Umluft 180 °C, Gas Stufe 3) vorheizen. Für den Teig alle Zutaten in eine Schüssel geben. Mit den Knethaken des Handrührgerätes vermischen und dann mit den Händen rasch zu einem glatten Teig verkneten.

5 Den Boden der Backform mit Backpapier auslegen und mit dem Teig auskleiden. Dabei einen etwa fingerbreiten Rand formen. Die Quitten auf dem Teigboden verteilen. Das Ei in den Quitten-Apfelsud rühren und über die Quitten gießen.
6 Den Kuchen in den heißen Backofen (untere Schiene) schieben und etwa 40 Minuten backen. Herausnehmen und noch heiß mit dem Zimtzucker bestreuen. 15 Minuten in der Form ruhen lassen, herausnehmen und dann auf einem Kuchengitter abkühlen lassen.

Variante Apfelmustorte: 500 Gramm Apfelmus mit 1 Päckchen Vanille-Puddingpulver, ½ Teelöffel Lebkuchengewürz, Saft und abgeriebener Schale von 1 Bio-Zitrone, 2 Esslöffel Zimtzucker und 100 Gramm Schmant verrühren. Auf dem Teigboden verteilen und die Torte in etwa 45 Minuten backen.

Schokocremetorte mit Pflaumenmus

5,6 g Fett/Stück

Zubereitungszeit 50 Minuten Backzeit 30 Minuten

Zutaten

Ergibt 16 Stücke

Für den Teig

100 g Joghurtbutter

75 g Zucker

1 TL Vanillezucker

Schale von

1 Bio-Zitrone

Einige Tropfen

Arrak-Aroma

1 Prise Salz

2 Eier

150 g Mehl

1 Pck. Schokoladen-
Puddingpulver

1 TL Backpulver

75 ml kaltes Wasser

Für den Belag

500 g Pflaumen

½ EL Puderzucker

1 EL Speisestärke

2 EL Wasser

200 g Diät-Creme
Schoko-Sahne

Außerdem

Backpapier

Springform (26 cm Ø)

1 Den Boden der Form mit Backpapier auslegen. Den Backofen auf 180 °C (Umluft 150 °C, Gas Stufe 2) vorheizen.

2 Butter, Zucker und Salz mit den Quirlen des Handrührgeräts schaumig rühren, bis die Masse elfenbeinfarben ist. Die Eier nacheinander unterrühren.

3 Zuerst das Mehl mit dem Pudding- und dem Backpulver mischen, dann das Wasser unterrühren. Der Teig sollte cremig sein und lange Zapfen an den Quirlen bilden.

4 Die Springform mit dem Teig füllen. Den Tortenboden in den heißen Backofen (mittlere Schiene) stellen und etwa 25 Minuten backen. Dann den Tortenboden herausnehmen und in der Form etwa 10 Minuten abkühlen lassen. Auf ein Kuchengitter stürzen, dann das Backpapier abziehen, den Tortenboden wenden und vollständig abkühlen lassen.

5 Die Pflaumen waschen und abtropfen lassen. Die Stiele entfernen und die Früchte rundherum einschneiden oder halbieren und entsteinen (→ Tipp). Mit dem Puderzucker in einen Topf geben und zum Kochen bringen.

6 Zugedeckt bei mittlerer Hitze etwa 10 Minuten dünsten, bis sich Haut und Steine von den Pflaumen lösen. Beides entfernen. Die Speisestärke mit dem Wasser glatt rühren. Die Pflaumen damit mischen, aufkochen und abkühlen lassen.

7 Die Torte mit der Schoko-Sahne bestreichen. Das Pflaumenmus darauf verteilen und die Torte sofort servieren.

Tipp Späte Pflaumensorten, die ab Mitte August auf den Markt kommen, lassen sich leicht entsteinen. Bei frühen Sorten haftet der Stein am Fruchtfleisch und lässt sich erst nach dem Dünsten lösen.

Apfelkuchen mit Zwetschgen und Quark

4,2 g Fett/Stück

Zubereitungszeit 30 Minuten Ruhezeit 1 Stunde Backzeit 55 Minuten

Zutaten
Ergibt 20 Stücke
Für den Teig
300 g Mehl
100 g Joghurtbutter
75 g brauner Zucker
1 Ei
100 g Joghurt
(1,5 % Fett)
Für den Belag
600 g Äpfel
500 g Zwetschgen
2 EL Zitronensaft
50 g Gelierzucker
500 g Magerquark
125 ml Milch
(1,5 % Fett)
1 Pck. backfeste
Vanille-Puddingcreme
1 TL Abrieb von
1 Bio-Zitrone
1 EL flüssiger Honig
Außerdem
Zimtzucker

1 Das Mehl mit der Butter, dem Zucker, dem Ei und dem Joghurt in eine Schüssel geben und mit den Knethaken des Handrührgerätes zu einem glatten Mürbeteig verkneten. Zu einer Kugel formen, in Folie wickeln und 1 Stunde ruhen lassen.

2 Die Äpfel waschen, vierteln, schälen, vom Kerngehäuse befreien und in Schnitze teilen. Die Zwetschgen waschen, halbieren und entsteinen. Das Obst in einer Schüssel mit dem Zitronensaft und dem Gelierzucker mischen.

3 Den Quark mit Milch, Puddingcremepulver, Zitronenschale und Honig verrühren. Den Backofen auf 200 °C (Umluft 180 °C, Gas Stufe 3) vorheizen.

4 Die Teigkugel auf ein gefettetes Backblech legen und mit den Handballen flach drücken. Mit dem Nudelholz ausrollen, bis er das Blech bedeckt. Dann mit den Fingerspitzen rundherum einen Rand hochziehen. Den Teigboden mehrmals mit einer Gabel einstechen und 10 Minuten (untere Schiene) vorbacken.

5 Den Kuchenboden mit dem Quark bestreichen, mit den Früchten belegen und in etwa 50 Minuten fertig backen. Herausnehmen und mit Zimtzucker bestreuen. Den Kuchen auf dem Blech etwa 20 Minuten ruhen lassen, dann in Stücke schneiden, ablösen und zum Abkühlen auf ein Kuchengitter geben.

Variante Apfelkuchen mit Grießpudding: Den Teig wie im Rezept oben zubereiten und im Kühlschrank 1 Stunde ruhen lassen. Inzwischen 800 Gramm Äpfel waschen, schälen, vom Kerngehäuse befreien und grob raspeln. In einer großen Schüssel mit 2 Esslöffel Korinthen, Saft und abgeriebener Schale von 1 Bio-Zitrone, 2 Esslöffel Semmelbrösel und 2 Esslöffel Zimtzucker mischen. Den Kuchenboden 10 Minuten auf der unteren Schiene vorbacken und mit 2 Bechern Grießpudding (à 200 g) bestreichen. Die Apfelmischung darauf verteilen. Den Kuchen in 45 Minuten backen.

Rhabarberkuchen mit Mandeln

9,4 g Fett/Stück

Zubereitungszeit 30 Minuten Ruhezeit 30 Minuten Backzeit 40 Minuten

Zutaten

Ergibt 18 Stücke

Für den Teig

200 g Magerquark

125 ml Milch
(1,5 % Fett)

7 EL Öl

100 g Zucker

1 Ei (S)

1 TL Abrieb von
1 Bio-Zitrone

400 g Mehl

1 Pck. Backpulver

Für den Belag

1 kg Rhabarber

100 g Amarettini

1 Pck. Vanille-
Puddingpulver

500 ml Milch
(1,5 % Fett)

100 g Zucker

100 g Cremequark

Für die Streusel

6 Löffelbiskuits

100 g Mehl

50 g Zucker

100 g Joghurtbutter

Außerdem

Puderzucker zum
Bestreuen

1 Den Quark auf einem Sieb 30 Minuten abtropfen lassen. Das Backblech mit Backpapier auslegen.

2 Den Rhabarber waschen, putzen und dabei die Fäden abziehen. Die Stangen in knapp fingerbreite Stücke schneiden.

3 Den abgetropften Quark mit der Milch, dem Öl, dem Zucker, dem Ei, der Zitronenschale und der Hälfte des Mehls mit den Knethaken des Handrührgerätes vermengen. Das restliche Mehl mit dem Backpulver mischen und mit den Händen unter den Teig kneten.

4 Den Ofen auf 200 °C (Umluft 180 °C, Gas Stufe 3) vorheizen. Den Teig auf das Blech legen und mit den Händen flach drücken. Mit dem Nudelholz so ausrollen, dass er das Blech bedeckt.

5 Die Amarettini in einen Gefrierbeutel geben und mit dem Nudelholz zerbröseln. Den Teig damit bestreuen und den Rhabarber darauf verteilen. Die Puddingcreme mit der Milch, dem Zucker und dem Cremequark verrühren und auf dem Rhabarber verstreichen.

6 Die Löffelbiskuits ebenfalls in einen Gefrierbeutel geben und mit dem Nudelholz zerbröseln. Mit dem Mehl und dem Zucker in einer Schüssel mischen. Die Butter in einem kleinen Topf zerlassen und zur Mehlmischung geben. Alles mit einer Gabel zu Streuseln mischen und diese gleichmäßig auf dem Kuchen verteilen.

7 Den Rhabarberkuchen in den heißen Ofen (mittlere Schiene) schieben und etwa 40 Minuten backen. Herausnehmen, auf dem Blech 15 Minuten ruhen lassen, dann in Stücke schneiden und auf einem Kuchengitter abkühlen lassen. Vor dem Servieren mit Puderzucker bestreuen.

Sauerkirschtorte mit Baiser

6,1 g Fett/Stück

Zubereitungszeit 30 Minuten Backzeit 40 Minuten

Zutaten

Ergibt 16 Stücke
Für den Belag
900 g Sauerkirschen
Für den Teig
50 g weiche
Joghurtbutter
100 g Zucker
75 g Apfelmus
Etwas Butter-
Vanillearoma
3 Eier (M)
100 g Mehl
40 g Speisestärke
1 TL Backpulver
2 EL gemahlene
Mandeln
Für das Baiser
4 Eiweiß
80 g Puderzucker
1 TL Vanillezucker
50 g gemahlene
Mandeln
Außerdem
Springform (26 cm Ø)

1 Die Sauerkirschen waschen, abzupfen und entsteinen. Den Boden der Form mit Backpapier auslegen. Den Backofen auf 180 °C (Umluft 160 °C, Gas Stufe 2) vorheizen.

2 Die Butter und den Zucker schaumig rühren, bis die Masse sehr locker ist. Das Apfelmus und das Vanillearoma untermischen. Nacheinander die Eier darunterrühren, bis der Teig gleichmäßig gelb ist.

3 Das Mehl mit der Speisestärke, Backpulver und den Mandeln mischen, in zwei Portionen auf den Teig sieben und mit einem Kochlöffel unterrühren, bis sich alles verbunden hat. Falls der Teig zu fest ist, noch etwas Milch untermischen.

4 Den Teig in der Form glatt streichen und mit den Sauer-kirschen belegen. In den heißen Backofen (untere Schiene) stellen und 40 Minuten backen.

5 Die Eiweiße mit dem Puder-zucker und dem Vanillezucker steif schlagen und die Mandeln mit einem Löffel untermischen.

Die Baisermasse in einen Spritz-beutel mit Sterntülle füllen. Den Kuchen aus dem Ofen nehmen und die Baisermasse rasch als Gitter oder in Streifenform auf-spritzen. Den Kuchen noch etwa 5 Minuten backen, bis der Baiser leicht gebräunt ist.

6 Herausnehmen, in der Form 15 Minuten ruhen lassen, dann herauslösen und zum Abkühlen auf ein Kuchengitter geben.

Variante Kirschtorte mit Schokolade: Den Teig wie oben beschrieben zubereiten und die Hälfte davon mit einem Esslöffel als Häufchen in die Form setzen. Den Rest des Teiges mit 1 Ess-löffel fettarmem Kakaopulver und 2 Esslöffel fettarmer Milch mischen und auf den hellen Teig setzen. Mit den Kirschen belegen und im vorgeheizten Backofen bei 180 °C (Umluft 160 °C, Gas Stufe 2) etwa 45 Minuten backen. Lauwarm aufschneiden und die Stücke mit je einem Löffel Diät-Creme Schoko-Sahne garnieren.

Apfelkuchen mit Marmelade ▷

8,1 g Fett/Stück

Zubereitungszeit 30 Minuten Backzeit 40 Minuten

Zutaten

Ergibt 20 Stücke

200 g Joghurtbutter
200 g Zucker
½ Pck. Vanille
1 TL Arrak-Aroma
4 Eier
400 g Mehl
1 EL abgeriebene
Bio-Zitronenschale
1 Pck. Backpulver
6 Äpfel (etwa 900 g)
150 g Orangen-
marmelade
100 g Mandelstifte

1 Das Blech mit Backpapier auslegen. Ofen auf 180 °C (Umluft 160 °C, Gas Stufe 2) vorheizen.
2 Die Joghurtbutter bei schwacher Hitze zerlassen. In eine Schüssel geben, den Zucker, die Vanille und das Arrak-Aroma zufügen. Über ein warmes Wasserbad stellen und schaumig rühren. Die Eier verquirlen und nacheinander unterrühren.
3 Die Schüssel vom Wasserbad nehmen. Das Mehl mit Zitronenschale und Backpulver mischen, mit der Eiercreme verrühren. Den Teig auf dem Backblech glatt streichen.
4 Die Äpfel halbieren, schälen, entkernen und mit der Höhlung nach oben auf dem Teigboden verteilen. Die Marmelade in die Äpfel füllen.
5 Den Kuchen mit den Mandelstiften bestreuen und im heißen Backofen (mittlere Schiene) etwa 40 Minuten backen.

Zwetschgenkuchen mit Milchreis

3,9 g Fett/Stück

Zubereitungszeit 45 Minuten Backzeit 1 Stunde

Zutaten

700 g Zwetschgen
50 g Joghurtbutter
100 g Zucker
Abrieb und Saft von
½ Bio-Limette
3 Eier
300 g Magerquark
100 g Speisestärke
2 TL Backpulver
400 g Vanillemilchreis

1 Die Zwetschgen waschen, halbieren und entsteinen. Ein Backblech mit Backpapier auslegen. Den Backofen auf 180 °C (Umluft 160 °C, Gas Stufe 2) vorheizen.
2 Die weiche Butter mit Zucker, Limettenschale und -saft schaumig rühren. Die Eier unter den Teig rühren. Dann den Quark und anschließend die mit Backpulver gemischte Speisestärke unterrühren.
3 Den Teig auf dem Backblech glatt streichen, den Milchreis mit einem Löffel darüberschichten und mit den Zwetschgen belegen. Den Kuchen im heißen Backofen (mittlere Schiene) etwa 1 Stunde backen. Abkühlen lassen und in 24 Stücke schneiden.

Aprikosentorte mit Vanillecreme

7,5 g Fett/Stück

Zubereitungszeit 50 Minuten Backzeit 20 Minuten Kühlzeit 1 Stunde

Zutaten

Ergibt 12 Stücke
Für den Teig
80 g Joghurtbutter
70 g Zucker
1 TL Abrieb von
1 Bio-Zitrone
Etwas Orangen-
und Rumaroma
1 Prise Salz
2 Eier (M)
150 g Mehl
1 TL Backpulver
1–2 EL Milch
(1,5 % Fett)
Für den Belag
2 Pck. Mousse à
la Vanille
200 ml Milch
(1,5 % Fett)
200 g Joghurt (0,1 %)
1,3 kg reife Aprikosen
50 g Gelierzucker
30 g geschälte
Mandeln
Außerdem
Obstkuchenform
(28 cm Ø)

1 Die Obstkuchenform fetten und mit Mehl ausstreuen. Den Backofen auf 180 °C (Umluft 160 °C, Gas Stufe 2) vorheizen.

2 Die weiche Butter und den Zucker schaumig rühren, bis die Masse locker ist. Die Zitronenschale, jeweils einige Tropfen von den Backaromen und das Salz untermischen. Die Eier nacheinander unterrühren.

3 Das Mehl mit dem Backpulver mischen und unterrühren. So viel Milch untermischen, bis der Teig cremig ist und in langen Zapfen von den Quirlen fällt.

4 Den Teig in der Form glatt streichen und im heißen Backofen (mittlere Schiene) etwa 20 Minuten backen. Herausnehmen, in der Form 10 Minuten ruhen lassen und zum Abkühlen auf ein Kuchengitter legen.

5 Die Mousse nach Packungsanleitung in einem hohen Gefäß mit der Milch verrühren. Den Joghurt untermischen, alles mit den Quirlen des Handrührgerätes auf höchster Schaltstufe aufschlagen. Den Tortenboden mit der Hälfte der Creme bestreichen. Die restliche Creme in einen Spritzbeutel mit großer Tülle geben. Torte und Creme im Spritzbeutel 1 Stunde im Kühlschrank kühlen.

6 Die Aprikosen mit kochendem Wasser überbrühen, abziehen, halbieren und entsteinen. Etwa 300 Gramm Früchte würfeln und mit dem Gelierzucker in einen Topf geben. Unter Rühren erhitzen und etwa 4 Minuten bei mittlerer Hitze kochen. Mit dem Stabmixer pürieren.

7 Die Mandeln in einer Pfanne ohne Fett goldgelb rösten und mit dem Aprikosenpüree mischen.

8 Die gekühlte Creme als Rosetten auf den Rand der Torte spritzen. Die Aprikosenhälften mit der Höhlung nach oben auf die Creme legen. Das Aprikosenpüree darüber verteilen.

Kirschkuchen ▷

5,9 g Fett/Stück

Zubereitungszeit 20 Minuten Backzeit 1 Stunde

Zutaten

700 g Kirschen (Glas)
125 g Joghurtbutter
150 g Zucker
125 g Apfelmus
Etwas Zitronenaroma
4 Eier (M)
400 g Mehl
80 g Speisestärke
1 Pck. Backpulver

1 Ein Backblech mit Backpapier auslegen. Den Backofen auf 180 °C (Umluft 160 °C, Gas Stufe 2) vorheizen. Die Kirschen auf ein Sieb abgießen.
2 Die Butter mit dem Zucker schaumig rühren. Apfelmus und Zitronenaroma untermischen. Die Eier unterrühren.

3 Das Mehl mit Speisestärke und Backpulver mischen und unterheben. Den Teig auf dem Blech glatt streichen und mit den Kirschen belegen.
4 Den Kuchen auf mittlerer Schiene 45 Minuten backen. Zum Servieren mit Puderzucker bestreuen.

Preiselbeer-Quark-Torte ▷ *Umschlagabbildung*

6,3 g Fett/Stück

Zubereitungszeit 40 Minuten Backzeit 20 Minuten Kühlzeit 3 Stunden

Zutaten

Ergibt 12 Stücke
2 Eier
1 EL kaltes Wasser
50 g Zucker
40 g Mehl
40 g Speisestärke
1 TL Backpulver
350 g Magerquark
100 g Preiselbeer-kompott
2 EL Vanillezucker
½ Pck. Sofort-Gelatine
200 g Sahne
1 Pck. roter Tortenguss

1 Boden einer Springform (22 cm Ø) mit Backpapier auslegen. Ofen auf 200 °C (Umluft 180 °C, Gas Stufe 3) vorheizen.
2 Eier trennen, Eiweiße mit Wasser aufschlagen. Zucker unterschlagen, bis der Eischnee steif ist. Eigelbe unterrühren. Mehl, Stärke und Backpulver mischen, auf die Eiermasse sieben und unterziehen. Teig in der Form glatt streichen und auf mittlerer Schiene etwa 20 Minuten backen.

3 Quark, Preiselbeerkompott, Vanillezucker und Gelatine verrühren. Steif geschlagene Sahne unterziehen.
4 Den abgekühlten Tortenboden quer halbieren, mit der Hälfte der Quarkcreme füllen und mit dem Rest bestreichen. Tortenguss nach Packungsaufschrift zubereiten und lauwarm abgekühlt auf der Torte gleichmäßig verstreichen. Die Torte etwa 3 Stunden kühlen bis die Creme schnittfest ist.

Birnenkuchen mit Cranberrys

9,5 g Fett/Stück

Zubereitungszeit 40 Minuten Ruhezeit 2 Stunden Backzeit 40 Minuten

Zutaten

Ergibt 12 Stücke
Für den Teig
100 g Joghurtbutter
70 g Zucker
3 Eier (M)
100 g Apfelmus
1 Prise Salz
Abrieb von
¼ Bio-Zitrone
150 g Mehl
1 Pck. Vanille-Pud-
dingpulver, backfest
1 gehäufter
TL Backpulver
Für den Belag
3 EL süßer
Sanddornsirup
50 g Zucker
2 EL Zitronensaft
50 g Joghurtbutter
400 g feste, reife
Birnen
125 g getrocknete
Cranberrys
Außerdem
Folie zum Ausrollen
Runde Tortenform
(26 cm Ø)

1 Den Backofen auf 200 °C (Umluft 180 °C, Gas Stufe 3) vorheizen. Den Boden der Form mit Backpapier auslegen. Sanddornsirup, Zucker, Zitronensaft und Butter in einem kleinen Topf bei schwacher Hitze leicht erhitzen, bis sich alles verbunden hat. Die Mischung gleichmäßig in die Form gießen.

2 Birnen waschen, vierteln, schälen, entkernen und in Spalten schneiden. Im Sirup wenden und in der Form verteilen. Die Cranberrys daraufstreuen.

3 Butter und Zucker schaumig rühren. Die Eier nacheinander unterrühren. Apfelmus, Salz und Zitronenschale untermischen. Das Mehl mit Puddingpulver und Backpulver mischen und unterrühren. Den Teig über dem Obst in der Form glatt streichen.

4 Den Kuchen etwa 45 Minuten (untere Schiene) backen, bis er goldbraun ist. In der Form etwa 10 Minuten ruhen lassen. Eine Kuchenplatte darauflegen, so wenden und die Torte mit der Obstseite nach oben servieren.

Variante Rhabarbertorte
Den Teig aus 100 Gramm Halbfettbutter, 70 Gramm Zucker, 150 Gramm Apfelmus, 300 Gramm Mehl, ½ Päckchen Backpulver und etwa 75 Milliliter Milch zubereiten. Die Hälfte davon in der Form glatt streichen, 35 Minuten backen und auf ein Kuchengitter stürzen. 500 Gramm Rhabarber waschen, putzen und die Fäden abziehen. Die Stangen in fingerbreite Stücke schneiden. Den Sirup wie oben zubereiten und den Rhabarber darin 5 Minuten garen. Mit dem Sirup in der Form verteilen und mit 50 Gramm grob zerkleinerten italienischen Mandelkeksen (Amarettini) bestreuen. Den restlichen Teig auf dem Rhabarber glatt streichen und 45 Minuten backen. In der Form abkühlen lassen, dann mit 200 Gramm fettarmem Vanillequark bestreichen. Mit dem gebackenen Kuchenboden abdecken, eine Kuchenplatte darüberlegen und wenden. Den Rhabarber mit Puderzucker bestreuen.

Brombeerkuchen mit Streuseln

3,7 g Fett/Stück

Zubereitungszeit 50 Minuten Ruhezeit 1 ½ Stunden Backzeit 40 Minuten

Zutaten

Ergibt 20 Stücke
Für den Teig
450 g Mehl
1 Pck. Trockenhefe
50 g Zucker
1 EL Vanillezucker
1 TL Abrieb von
½ Bio-Zitrone
1 Prise Salz
250 ml Milch
(1,5 % Fett)
100 g Magerjoghurt
1 Ei
Für den Belag
20 g Orangeat
300 g Magerquark
100 g Schmant
100 g Zucker
1 EL Vanille-
Puddingpulver
Abrieb von 1 kleinen
Bio-Zitrone
2 EL Zitronensaft
1 kg Brombeeren
Für die Streusel
6 Zwiebackscheiben
100 g Mehl
2 EL feiner Zucker
50 g Halbfettbutter

1 Das Mehl mit der Hefe, dem Zucker, dem Vanillezucker, der Zitronenschale und Salz in einer Schüssel mischen. Die Milch, den Joghurt und das Ei zugeben. Alles mit den Knethaken des Handrührgeräts etwa 5 Minuten durchrühren, bis der Teig Blasen bildet und sich vom Schüsselrand löst. Zugedeckt an einem warmen Ort 1 Stunde ruhen lassen, bis sich das Teigvolumen verdoppelt hat.

2 Das Orangeat fein würfeln. Den Quark mit dem Schmant, dem Zucker, dem Puddingpulver, der Zitronenschale, dem Zitronensaft und dem Orangeat verrühren.

3 Die Brombeeren in einer Schüssel mit kaltem Wasser waschen und auf einem Sieb abtropfen lassen. Auf einem Teller ausbreiten und mit Küchenpapier trocken tupfen.

4 Für die Streusel den Zwieback in einen Gefrierbeutel geben und mit dem Nudelholz zerbröseln. Mit dem Mehl und dem Zucker in einer Schüssel mischen. Die Butter in einem kleinen Topf zerlassen und zugeben. Alles zu Streuseln vermischen.

5 Den Backofen auf 200 °C (Umluft 180 °C, Gas Stufe 3) vorheizen. Den Teig auf die leicht bemehlte Arbeitsfläche geben und mit den Händen etwa 5 Minuten kräftig durchkneten, bis er glatt und geschmeidig ist.

6 Das Backblech mit Backpapier auslegen und den Teig darauf ausrollen. Zum Schluss mit den Fingerspitzen rundherum einen Rand hochziehen. Die Quarkcreme auf dem Teigboden glatt streichen und mit den Brombeeren belegen. Die Streusel darauf verteilen. Den Kuchen in den heißen Backofen (untere Schiene) schieben und etwa 40 Minuten backen. Gerade eben abgekühlt servieren.

Quarkcremekuchen mit Himbeeren

7,5 g Fett/Stück

Zubereitungszeit 50 Minuten   Kühlzeit 3 Stunden   Backzeit 15 Minuten

Zutaten

Ergibt 12 Stücke

Für den Teig

200 g Mehl

½ TL Backpulver

1 Prise Salz

1 TL Abrieb von

1 Bio-Zitrone

80 g Joghurtbutter

100 g Magermilch-
joghurt

Für den Belag

Je 2 Blatt weiße und
rote Gelatine

500 g Cremequark
(0,2 %)

100 g Joghurt
(1,5 % Fett)

125 g Zucker

2 EL Himbeergeist
(oder Zitronensaft)

100 g Sahne

450 g frische
Himbeeren

Außerdem

Schoko-Dekorblätter

Frische
Minzblättchen

1 Kastenform
(30 x 29 cm)

1 Das Mehl mit dem Backpulver, dem Salz und der Zitronenschale mischen. Die klein geschnittene Butter und den Joghurt zugeben und alles zu einem glatten Teig verkneten. In Folie gewickelt etwa 30 Minuten kühl stellen.

2 Den Backofen auf 200 °C (Umluft 180 °C, Gas Stufe 3) vorheizen. Den Boden der Form mit Backpapier auslegen.

3 Den Teig in die Form legen, mit den Handballen flach drücken und mit den Fingerspitzen so auseinanderdrücken, dass er die Form bedeckt. Den Kuchenboden mit einer Gabel mehrmals einstechen, in den heißen Backofen (mittlere Schiene) schieben und in etwa 15 Minuten goldgelb backen. Herausnehmen, auf ein Kuchengitter stürzen, das Backpapier abziehen und den Kuchenboden abkühlen lassen.

4 Gelatine in kaltem Wasser einweichen. Den Cremequark mit dem Joghurt glatt rühren. Zucker und Himbeergeist unterrühren. Die Gelatine ausdrücken, in 2 Esslöffel heißem Wasser auflösen und mit der Creme verrühren. Die Sahne steif schlagen und unter die Creme heben.

5 Die Himbeeren in einer Schüssel mit kaltem Wasser waschen und auf einem Sieb abtropfen lassen. Auf einem Teller ausbreiten und mit Küchenpapier trocken tupfen.

6 Zwei Drittel der Beeren auf dem Kuchenboden verteilen. Die Quarkcreme darauf verstreichen. Den Kuchen 3 Stunden kühl stellen, bis die Creme schnittfest ist. In 12 Stücke schneiden und mit den restlichen Himbeeren, den Schoko- sowie Minzblättchen garnieren. Sofort servieren.

Heidelbeer-Quarktorte

1,3 g Fett/Stück

Zubereitungszeit 40 Minuten Backzeit 20 Minuten Kühlzeit 3 Stunden

Zutaten
Ergibt 12 Stücke
Für den Teig
2 Eier
1 EL kaltes Wasser
50 g Zucker
40 g Mehl
40 g Speisestärke
1 TL Backpulver
Für den Belag
500 g Heidelbeeren
500 g Magerquark
250 g Diät-Frisch-
käse mit Früchten
(0,4 %)
50 g Zucker
1 EL Vanillezucker
1 EL Zitronensaft
1 Pck. Sofort-
Gelatine
Außerdem
Zitronenmelisse
Springform (26 cm Ø)

1 Den Boden der Springform mit Backpapier auslegen. Den Backofen auf 200 °C (Umluft 180 °C, Gas Stufe 3) vorheizen.
2 Die Eier trennen. Die Eiweiße mit dem Wasser halb steif schlagen. Den Zucker zugeben und schlagen, bis der Eischnee steif und cremig ist. Die Eigelbe nacheinander unterrühren. Das Mehl mit Speisestärke und Backpulver mischen, auf die Eimasse sieben und mit dem Spatel unterziehen.
3 Den Teig in der Form glatt streichen und im Backofen auf mittlerer Schiene in 20 Minuten hellbraun backen. Auf einem Kuchengitter abkühlen lassen.
4 Die Heidelbeeren verlesen, kurz waschen und auf einem weiten Sieb gut abtropfen lassen oder portionsweise mit Küchenpapier trocken tupfen. Etwa

$1/3$ der Beeren für die Dekoration auf einem Teller beiseite stellen.
5 Die Hälfte der verbliebenen Beeren in einer Schüssel mit dem Stabmixer pürieren. Den Quark, den Diät-Frischkäse mit Früchten, den Zucker, den Vanillezucker, den Zitronensaft und die Gelatine zugeben und zu einer glatten Creme verrühren. Die ganzen Beeren mit einer Gabel untermischen.
6 Den abgekühlten Tortenboden auf eine Platte legen. Den Springformrand darum schließen und die Creme auf dem Tortenboden glatt streichen. Die Torte etwa 3 Stunden kühlen, bis die Creme schnittfest ist. Zum Servieren den Springformrand abnehmen, die Torte mit den Beeren und den Zitronenmelisseblättchen garnieren.

Aus Omas Backstube

Fettarme Klassiker

Kokostorte mit Rosenblättern

8,8 g Fett/Stück

Zubereitungszeit 1 Stunde Backzeit 40 Minuten

Zutaten
Ergibt 16 Stücke
Für die Dekoration
1 Handvoll unge-
spritzte Rosenblätter
3 frische Eiweiße
3 EL kaltes Wasser
300 g feiner Zucker
Für den Teig
50 g Kokosraspel
50 g Instantmehl
50 g Speisestärke
1 TL Backpulver
4 Eier
2 EL kaltes Wasser
100 g Zucker
½ Pck. Bourbon-
Vanille
1 TL Abrieb von
1 Bio-Zitrone
Für die Creme
1 Pck. Sahne-
Puddingpulver
300 ml Milch
(1,5 % Fett)
100 g Zucker
100 g Kokoscreme
500 g Cremequark
(0,2 %)
Außerdem
200 g Pflaumenmus
2 EL Kokosraspel
Springform (26 cm Ø)

1 Die Rosenblätter waschen und abtropfen lassen. Die Eiweiße mit Wasser verrühren. Die Rosenblätter darin eintauchen, nebeneinander auf eine Platte mit reichlich Zucker legen, mit Zucker bestreuen und trocknen lassen, bis die Torte zum Garnieren fertig ist.

2 Die Kokosraspel in einer Pfanne ohne Fett bei schwacher Hitze leicht anrösten. In einer Schüssel abkühlen lassen. Dann mit Instantmehl, Speisestärke und Backpulver mischen. Den Boden der Springform mit Backpapier auslegen. Den Backofen auf 200 °C (Umluft 180 °C, Gas Stufe 3) vorheizen.

3 Die Eier trennen. Eiweiße mit Wasser halb steif schlagen. Zucker, Vanille und Zitronenschale mischen und langsam zugeben. Dabei schlagen, bis der Eischnee steif und cremig ist.

4 Nacheinander die Eigelbe unterrühren. Die Kokosmischung mit einem Spatel unterziehen. Den Teig in der Springform glatt streichen und im heißen Back-

ofen (untere Schiene) etwa 50 Minuten backen. Den fertigen Biskuitboden herausnehmen und in der Form 10 Minuten ruhen lassen. Auf ein Kuchengitter geben, das Papier abziehen und die Torte abkühlen lassen.

5 Aus dem Puddingpulver, der Milch und dem Zucker einen dicken Pudding kochen und heiß durch ein Sieb drücken. Solange abkühlen lassen, bis er nur noch lauwarm ist. Mit der Kokoscreme und dem Cremequark glatt rühren.

6 Den Tortenboden einmal quer halbieren. Den unteren Boden auf eine Tortenplatte legen. Zuerst mit der halben Menge Pflaumenmus, dann mit der Hälfte der Creme bestreichen. Den oberen Boden auflegen und die Torte mit der restlichen Creme bestreichen.

7 Das restliche Pflaumenmus erwärmen und in einem dünnen Strahl kreuz und quer über die Torte geben. Die Torte mit den Kokosraspeln und den Rosenblättern garnieren.

Espressokuchen

6,4 g Fett/Stück

Zubereitungszeit 30 Minuten Backzeit 1 Stunde

Zutaten

Ergibt 20 Stücke
Für den Teig
100 ml Milch
(1,5 % Fett)
2 TL Instant-Espresso
100 g Joghurtbutter
150 g Zucker
1 TL Vanillezucker
1 TL Abrieb von
1 Bio-Zitrone
Rumaroma
1 Prise Salz
3 Eier (M)
200 g Magerquark
200 g Instantmehl
2 Pck. Schokoladen-
Puddingpulver
1 Pck. Backpulver
Für den Guss
250 g Puderzucker
2 EL Kakaopulver
2 TL Instant-
Espressopulver
30 g Butter
Außerdem
Kastenform
(30 cm Länge)

1 Die Kastenform mit etwas Butter fetten und mit Backpapier auslegen. Den Backofen auf 180 °C (Umluft 160 °C, Gas Stufe 2) vorheizen. Die Milch erhitzen, den Espresso darin auflösen.

2 Die Butter mit Zucker, Vanillezucker, Zitronenschale, einigen Tropfen Rumaroma und Salz mit den Quirlen des Handrührgerätes schaumig rühren, bis die Masse elfenbeinfarben ist. Nacheinander die Eier unterrühren, bis der Teig gleichmäßig gelb ist. Dann esslöffelweise den Quark untermischen.

3 Das Mehl mit dem Puddingpulver und dem Backpulver mischen und unterrühren. Zum Schluss die Espressomilch untermischen; der Teig sollte cremig sein und lange Zapfen bilden.

4 Den Teig in der Kastenform glatt streichen. Den Kuchen in den heißen Backofen (mittlere Schiene) stellen und etwa 45 Minuten backen. Den Kuchen herausnehmen und in der Form etwa 10 Minuten abkühlen lassen. Auf ein Kuchengitter stürzen, das Papier abziehen, den Kuchen wenden und ganz abkühlen lassen.

5 Für den Guss den Puderzucker und den Kakao durch ein Sieb in eine Schüssel geben. Den Espresso mit 3 Esslöffel heißem Wasser verrühren, zugeben und alles zu einer dicken Creme verrühren. Die Butter erwärmen, damit sie sehr weich ist, und mit einem Schneebesen unterrühren. Die Glasur auf dem Kuchen verstreichen und erstarren lassen.

Gefüllter Bienenstich

4,3 g Fett/Stück

Zubereitungszeit 1 Stunde Ruhezeit 1 ¼ Stunden Backzeit 40 Minuten

Zutaten

Ergibt 20 Stücke

Für den Teig

500 g Mehl

1 Würfel Hefe

1 EL Zucker

125 ml lauwarme
Milch (1,5% Fett)

1 zimmerwarmes Ei

Abrieb von
¼ Bio-Zitrone

1 Prise Salz

Für den Belag

1 EL Halbfettbutter

100 g Apfelmus

125 g Zucker

5 EL Kaffeesahne
(10 %)

1 EL Honig

100 g Mandel-
blättchen

Für die Füllung

2 Pck. Vanille-
Puddingpulver (ohne
Kochen)

400 ml Milch
(1,5 % Fett)

1 EL Zucker

Abrieb von
¼ Bio-Zitrone

250 g Cremequark
(0,2 %)

1 Das Mehl in eine Schüssel geben und in die Mitte eine Mulde drücken. Die Hefe in die Vertiefung krümeln, den Zucker und 125 Milliliter Milch zugeben und mit etwas Mehl vom Rand zu einem Vorteig verrühren. Zugedeckt bei Zimmertemperatur etwa 15 Minuten ruhen lassen.

2 Den Vorteig mit dem gesamten Mehl verrühren. Die restliche Milch, das Ei, die Zitronenschale und Salz zugeben und alles mit den Knethaken des Handrührgerätes verrühren. Auf die leicht bemehlte Arbeitsfläche geben und mit den Händen so lange kräftig durchkneten, bis der Teig glatt und geschmeidig ist. Zugedeckt an einem warmen Ort 1 Stunde ruhen lassen, bis sich das Teigvolumen verdoppelt hat.

3 Die Butter mit dem Apfelmus, dem Zucker, der Kaffeesahne und dem Honig in einem Topf aufkochen. Die Mandeln mit einem Spatel untermischen.

4 Den Teig auf der bemehlten Arbeitsfläche noch einmal kräftig durchkneten. Das Blech mit Backpapier auslegen und den Teig darauf ausrollen. Den lauwarmen Mandelbelag daraufstreichen. Den Kuchen zugedeckt 15 Minuten gehen lassen.

5 Den Backofen auf 180 °C (Umluft 160 °C, Gas Stufe 2) vorheizen. Den Kuchen in den heißen Ofen (mittlere Schiene) schieben und etwa 40 Minuten backen. In 20 Stücke schneiden, mit einem breiten Messer vom Blech lösen und zum Abkühlen auf ein Kuchengitter geben.

6 Für die Cremefüllung das Puddingpulver nach Packungsanleitung mit der Milch zu einem dicken Pudding verrühren. Sofort den Zucker und die Zitronenschale zugeben und den Cremequark untermischen.

7 Die Bienenstichstücke quer halbieren, mit der Creme bestreichen und zusammensetzen.

Rosinen-Mandelkuchen

2,1 g Fett/Stück

Zubereitungszeit 50 Minuten Ruhezeit 1 ½ Stunden Backzeit 40 Minuten

Zutaten
Ergibt 20 Stücke
Für den Teig
300 g Mehl
½ Pck. Trockenhefe
50 g Zucker
Abrieb von
½ Bio-Zitrone
1 Prise Salz
125 ml Milch
(1,5 % Fett)
Jeweils Bittermandel-
öl, Butter-Vanille-
und Arrak-Aroma
250 g Magerquark
1 Ei (S)
Für den Belag
Schale und Saft von
1 Bio-Orange
1 Pck. backfeste
Puddingcreme Vanille
500 ml Milch
(1,5 % Fett)
100 g Kaffeesahne
30 g Zucker
20 g Zitronat
500 g Magerquark
100 g Rosinen
20 g Mandelstifte
Außerdem
Mehl für die
Arbeitsfläche
Puderzucker

1 Das Mehl mit der Hefe, dem Zucker, der Zitronenschale und Salz in einer Schüssel mischen. Die Milch mit einigen Tropfen der Backaromen und dem Quark leicht erwärmen und glatt rühren. Mit dem Ei zur Mehlmischung geben. Mit den Knethaken des Handrührgerätes 5 Minuten durchrühren, bis sich der Teig vom Schüsselrand löst. Zugedeckt an einem warmen Ort 1 Stunde ruhen lassen, bis sich das Teigvolumen verdoppelt hat.

2 Die Orange waschen und abtrocknen. Die Schale dünn abschneiden und ganz fein hacken. Die Orange auspressen.

3 Die Puddingcreme mit der Milch, der Kaffeesahne und dem Zucker verrühren. Das Zitronat fein würfeln. Den Magerquark, den Orangensaft, die Orangen-schale, die Rosinen, die Mandel-stifte und das Zitronat untermischen.

4 Den Backofen auf 200 °C (Umluft 180 °C, Gas Stufe 3) vorheizen. Den Teig auf eine leicht bemehlte Arbeitsfläche geben und mit den Händen etwa 5 Minuten kräftig durchkneten, bis er glatt und geschmeidig ist.

5 Das Backblech mit Backpapier auslegen und den Teig darauf ausrollen. Zum Schluss mit den Fingerspitzen rundherum einen Rand hochziehen.

6 Die Quarkcreme auf dem Teigboden glatt streichen. Den Kuchen in den heißen Backofen (untere Schiene) schieben und etwa 40 Minuten backen. Gerade eben abkühlen lassen, mit Puderzucker bestreuen und ganz frisch servieren.

Apfel-Dinkelschnitten

10,4 g Fett/Stück

Zubereitungszeit 40 Minuten *Backzeit* 40 Minuten

Zutaten

Ergibt 12 Stücke

1 kleine Bio-Orange

2 Äpfel (300 g)

50 g Bitterschokolade

100 g Joghurtbutter

3 EL brauner Zucker

1 TL Vanillepulver

3 Eier

150 g Apfelmus

125 g Milch

200 g Dinkelmehl

100 g Dinkelflocken

75 g gemahlene Mandeln

1 TL Lebkuchengewürz

3 TL Weinstein-Backpulver

Außerdem

1 EL Joghurtbutter

Puderzucker

1 Die Orange waschen und abtrocknen, die Schale abreiben und den Saft auspressen. Die Äpfel waschen, schälen, vom Kerngehäuse befreien und grob raspeln. Mit der Hälfte des Orangensaftes und der Orangenschale in einer Schüssel mischen. Die Schokolade reiben.

2 Ein Backblech mit Backpapier auslegen. Den Backofen auf 200 °C (Umluft 180 °C, Gas Stufe 3) vorheizen.

3 Die weiche Joghurtbutter mit Zucker und Vanillepulver schaumig rühren. Zuerst die Eier, dann das Apfelmus und die Milch unterrühren. Dinkelmehl, Dinkelflocken, Mandeln, Lebkuchengewürz und das Backpulver gemischt unterrühren. Äpfel und Schokolade untermischen.

4 Den Teig auf das Backblech streichen und in den heißen Backofen (mittlere Schiene) schieben. Die Kuchenplatte etwa 40 Minuten backen.

5 Herausnehmen und auf dem Blech etwa 15 Minuten ruhen lassen. Inzwischen den restlichen Orangensaft mit der Butter verrühren. Die Kuchenplatte damit bestreichen, in Rauten schneiden, vom Blech lösen und auf einem Kuchengitter vollständig abkühlen lassen. Zum Servieren mit dem Puderzucker bestreuen.

Variante Buttermilchschnitten mit Früchtemix: Den Teig wie oben beschrieben zubereiten, dabei die Milch durch Buttermilch ersetzen. Den Teig mit 2 Päckchen Früchtemix mischen und auf das mit Backpapier ausgelegte Backblech streichen. Wie beschrieben backen. Den Boden heiß mit Orangenmarmelade bestreichen und nach dem Abkühlen in Stücke schneiden. Zum Servieren jedes Stück mit 1 Tupfen Sprühsahne und 1 Teelöffel Preiselbeerkompott garnieren.

Pumpernickeltorte mit Karamellcreme

5 g Fett/Stück

Zubereitungszeit 30 Minuten Backzeit 20 Minuten

Zutaten
Ergibt 16 Stücke
Für den Teig
150 g Korinthen
50 g getr. Kirschen
125 ml Kirschsaft
3 EL Mandellikör
250 g Pumpernickel
100 g Instantmehl
2 Pck. Schokoladen-
Puddingpulver
50 g gewürfeltes
Zitronat
1 TL Zimtpulver
1 TL gem. Vanille
Abrieb von
1 Bio-Zitrone
½ Pck. Backpulver
50 g weiche
Joghurtbutter
100 g Zucker
4 Eier
Für die Füllung
1 Pck. Paradiescreme
Sahne-Karamell
300 g Buttermilch
2 EL Weinbrand
Für die Dekoration
2 EL Mandelstifte
200 g Puderzucker
2 EL Orangensaft
Außerdem
Springform (26 cm Ø)

1 Den Boden der Springform mit Backpapier auslegen. Den Backofen auf 180 °C (Umluft 160 °C, Gas Stufe 2) vorheizen.
2 Die Korinthen und die getrockneten Kirschen mit dem Kirschsaft und dem Mandellikör übergießen und so lange ziehen lassen, bis der Teig fertig ist.
3 Den Pumpernickel fein zerkrümeln. Mit dem Mehl, dem Puddingpulver, dem Zitronat, dem Zimt, der Vanille, der Zitronenschale und dem Backpulver mischen.
4 Die Butter mit dem Zucker schaumig rühren. Die Eier trennen. Die Eigelbe nacheinander unterrühren. Die Eiweiße steif schlagen und daraufgeben. Die Pumpernickelmischung darüberstreuen. Die eingeweichten Korinthen und Kirschen zufügen und alles mit einem Spatel locker, aber gründlich mischen.

5 Den Teig mit einem breiten Messer oder einem Spatel in der Form glatt streichen. Die Torte in den heißen Backofen (mittlere Schiene) schieben und in etwa 45 Minuten hellbraun backen. Auf einem Kuchengitter abkühlen lassen und auf eine Kuchenplatte legen.
6 Für die Füllung die Creme mit der Buttermilch aufschlagen, mit dem Weinbrand mischen und zugedeckt 1 Stunde kühl stellen.
7 Die Mandelstifte in einer Pfanne ohne Fett bei schwacher Hitze unter ständigem Rühren leicht anrösten.
8 Den Tortenboden quer halbieren, mit der Creme füllen und wieder zusammensetzen. Den Puderzucker mit dem Orangensaft verrühren und die Torte damit bestreichen. Die Mandelstifte darüberstreuen, solange der Guss noch weich ist.

Kleckselkuchen

1,8 g Fett/Stück

Zubereitungszeit 1 Stunde Ruhezeit 1 ¼ Stunden Backzeit 1 Stunde

Zutaten

Ergibt 20 Stücke

Für den Teig

300 g Mehl

½ Pck. Trockenhefe

1 EL Zucker

1 Prise Salz

125 ml Milch (1,5 %)

150 g Cremequark (0,2 %)

Abrieb von ¼ Bio-Orange

Für den Belag

250 ml Milch (1,5 %)

1 EL gem. Mohn

100 g Zucker

1 Pck. backfeste Puddingcreme Vanille

350 g Cremequark (0,2 %)

1 Ei

100 g Rosinen

Abrieb von ¼ Bio-Orange

4 EL Orangensaft

200 g Apfelmus

200 g Pflaumenmus

Für die Streusel

3 Zimt-Zwiebäcke

2 EL Zucker

1 EL Joghurtbutter

4 EL Milch (1,5 %)

150 g Johannisbeergelee

1 Das Mehl mit der Hefe, dem Zucker und dem Salz in einer Schüssel mischen. Die lauwarme Milch, den Quark und die Orangenschale zugeben. Alles mit den Knethaken des Handrührgerätes etwa 5 Minuten durchrühren, bis sich der Teig vom Schüsselrand löst. Zugedeckt bei Zimmertemperatur 1 Stunde ruhen lassen.

2 Für den Mohnbelag die Milch zum Kochen bringen. Mohn und 2 Esslöffel Zucker zugeben und unter Rühren aufkochen. Von der Kochstelle nehmen, quellen und dabei abkühlen lassen. Das Puddingpulver unterrühren.

3 Für den Quarkbelag den Quark mit dem Ei, dem restlichen Zucker, den Rosinen, der Orangenschale und 2 Esslöffel Orangensaft verrühren. Für den Obstbelag das Apfelmus mit dem restlichen Orangensaft mischen.

4 Für die Streusel den Zwieback in einen Gefrierbeutel geben und mit dem Nudelholz zerbröseln. Mit dem Zucker in einer Schüssel mischen. Die weiche Butter zugeben. Alles mit einer Gabel zu Streuseln vermischen.

5 Den Teig auf einer bemehlten Arbeitsfläche noch einmal kräftig durchkneten. Das Blech mit Backpapier auslegen und den Teig darauf ausrollen. Den Quark, das Apfelmus und das Pflaumenmus in kleinen Häufchen darauf verteilen. Den Mohnbelag in die Zwischenräume setzen. Den Kuchen mit Streuseln belegen und zugedeckt 15 Minuten gehen lassen.

6 Den Backofen auf 180 °C (Umluft 160 °C, Gas Stufe 2) vorheizen. Den Kleckselkuchen in den heißen Ofen (mittlere Schiene) schieben und etwa 1 Stunde backen.

Beschwipste Schokoladentorte

6 g Fett/Stück

Zubereitungszeit 30 Minuten Backzeit 20 Minuten

Zutaten

Ergibt 16 Stücke
Für den Teig
4 Eier
100 g Zucker
1 EL Vanillezucker
100 g Instantmehl
1 Pck. Schokoladen-
Puddingpulver
1 TL Backpulver
1 EL Abrieb von
1 Bio-Orange
1 TL Zimtpulver
50 g gemahlene
Haselnüsse
Für den Sirup
1 große Orange
250 ml halbtrockener
Weißwein
5 EL Rum
100 g Zucker
5 EL Wasser
1 TL Abrieb von
1 Bio-Orange
Für den Belag
400 ml Milch (1,5 %)
100 g Sahne
2 EL Puderzucker
1 Pck. Sofort-
Gelatine
2 EL Johannisbeer-
gelee

1 Den Boden einer Springform (26 cm Ø) mit Backpapier auslegen. Anschließend den Backofen auf 180 °C (Umluft 160 °C, Gas Stufe 2) vorheizen.

2 Die Eier trennen. Die Eiweiße mit Zucker und Vanillezucker steif schlagen. Die Eigelbe nacheinander unterrühren. Das Mehl mit dem Puddingpulver, dem Backpulver, der Orangenschale, dem Zimt und den Nüssen mischen, auf die Eiermasse streuen und mit einem Schneebesen unterziehen.

3 Den Teig in der Springform glatt streichen und im heißen Backofen (mittlere Schiene) etwa 40 Minuten backen. Herausnehmen, nach etwa 10 Minuten mit einem Messer aus der Form lösen, das Backpapier entfernen und den Kuchen auf eine tiefe Platte legen.

4 Für den Sirup die Orange auspressen. Den Saft mit Wein, Rum, Zucker und Wasser unter Rühren aufkochen und so lange kochen, bis sich der Zucker aufgelöst hat. Abkühlen lassen, bis er nur noch lauwarm ist, und mit dem frischen Orangenabrieb aromatisieren.

5 Den noch warmen Kuchen mit einem Holzstäbchen mehrmals einstechen. Den Sirup mit einem Esslöffel nach und nach auf den Kuchen geben, bis dieser den Sirup ganz aufgenommen hat.

6 Die Milch mit Sahne, Puderzucker und Gelatine in ein hohes Gefäß geben und mit der Schlagscheibe des Stabmixers steif wie Schlagsahne aufschlagen. Die Torte mit etwa einem Drittel der Creme bestreichen. Den Rest in einen Spritzbeutel mit großer Sterntülle füllen und in dicken Rosetten auf die Torte spritzen. Das Johannisbeergelee leicht erwärmen, bis es flüssig ist, und in einem hübschen Muster auf die Torte träufeln. Die Torte ganz frisch servieren.

Möhren-Ingwertorte

9,8 g Fett/Stück

Zubereitungszeit 30 Minuten Backzeit 20 Minuten

Zutaten

Ergibt 16 Stücke
Für den Teig
500 g Möhren
1 mittelgroßes Stück Ingwer in Sirup
4 EL Orangensaft
1 EL Abrieb von
1 Bio-Orange
50 g Speisestärke
¼ TL Zimtpulver
1 Pck. Backpulver
200 g gemahlene Haselnüsse
5 Eier
3 EL kaltes Wasser
150 g Zucker
1 EL Vanillezucker
1 Prise Salz
Für die Glasur
250 g Puderzucker
3 EL Kakao
3 EL Wasser
30 g Butter
Außerdem
100 g Ingwerkonfitüre
Mandelblättchen
Springform (22 cm Ø)

1 Die Möhren schälen und fein reiben. Den Ingwer fein zerkleinern. Mit Orangensaft und Orangenschale mischen. Die Speisestärke mit Zimt, Backpulver und Nüssen mischen.
2 Den Boden der Springform mit Backpapier auslegen. Den Backofen auf 180 °C (Umluft 160 °C, Gas Stufe 3) vorheizen.
3 Die Eier trennen. Eiweiße mit Wasser halb steif schlagen. Zucker, Vanillezucker und Salz mischen und langsam zugeben. Dabei weiterschlagen, bis der Eischnee steif und cremig ist.
4 Nacheinander die Eigelbe, die Möhrenraspel sowie die Ingwer-und-Speisestärke-mischung unterziehen.
5 Den Teig in der Springform glatt streichen und im heißen Backofen (untere Schiene)

etwa 50 Minuten backen. Die Garprobe machen, die Torte herausnehmen und noch etwa 10 Minuten in der Form ruhen lassen. Auf ein Kuchengitter geben, das Papier abziehen und die Torte abkühlen lassen.
6 Die Möhrentorte auf eine Kuchenplatte legen und mit der Ingwerkonfitüre bestreichen.
7 Für die Glasur den Puderzucker und den Kakao durch ein Sieb in eine Schüssel geben. Mit dem Wasser zu einer dicken Creme verrühren. Die Butter leicht erwärmen, bis sie sehr weich ist, und mit einem Schneebesen unterrühren. Die Torte mit der Glasur bestreichen, den Tortenrand mit den Mandelblättchen garnieren. Nach Wunsch mit Marzipanmöhrchen belegen.

Vanillekuchen ▷

7,4 g Fett/Stück

Zubereitungszeit 20 Minuten Backzeit 45 Minuten

Zutaten
Ergibt 16 Stücke
125 g Joghurtbutter
150 g Zucker
125 g Apfelmus
1 EL Abrieb von
1 Bio-Zitrone
1 Pck. Bourbon-
Vanillearoma
4 Eier (M)
400 g Mehl
2 Pck. Vanille-
Puddingpulver
1 Pck. Backpulver
3 EL Milch (1,5 %)
Puderzucker

1 Den Ofen auf 180 °C (Umluft 160 °C, Gas Stufe 2) vorheizen. Eine Napfkuchenform (22 cm Ø) fetten und mit Mehl ausstreuen, damit sich der Kuchen besser aus der Form löst.
2 Die weiche Butter und den Zucker schaumig rühren, bis die Masse elfenbeinfarben ist. Das Apfelmus, die Zitronenschale und das Vanillearoma untermischen. Nacheinander die Eier unterrühren, bis der Teig gleichmäßig gelb ist.

3 Das Mehl mit dem Puddingpulver und dem Backpulver mischen, in zwei Portionen auf den Teig sieben und unterrühren, bis sich alles verbunden hat. Die Milch untermischen.
4 Den Teig in die Kuchenform füllen und im heißen Backofen auf der unteren Schiene etwa 45 Minuten backen. In der Form 15 Minuten ruhen lassen, auf ein Kuchengitter stürzen, mit Puderzucker bestreuen und in Stücke schneiden.

Rote-Grütze-Torte

4,7 g Fett/Stück

Zubereitungszeit 20 Minuten

Zutaten
Ergibt 12 Stücke
1 Wiener Boden
dunkel (3 Lagen)
300 g Rote Grütze
600 g Diät-Creme
Schoko-Sahne
Außerdem
Sprühsahne
16 Mokkabohnen

1 Den ersten Tortenboden auf eine Kuchenplatte legen und mit der Hälfte der Roten Grütze bestreichen. Mit dem zweiten Tortenboden abdecken und den Rest der Grütze darauf verteilen.
2 Den dritten Tortenboden auflegen und leicht mit den Fingern andrücken. Die Torte rundherum

mit Hilfe eines breiten Messers oder einer Palette mit der Schokosahne bestreichen und 1 Stunde kühlen.
3 Die abgekühlte Rote-Grütze-Torte in 12 Stücke schneiden und jedes Stück mit je einem Sahnetupfen und einer Mokkabohne garnieren.

Kürbiskuchen

8,6 g Fett/Stück

Zubereitungszeit 30 Minuten Backzeit 1 Stunde

Zutaten
Ergibt 12 Stücke
Für den Teig
300 g Kürbisfleisch
Abrieb und Saft von
½ Bio-Zitrone
5 EL Apfel- oder
Birnenkraut
200 g gemahlene
Haselnüsse
50 g Instantmehl
2 Pck. Schokoladen-
Puddingpulver
2 TL Lebkuchen-
gewürz
½ Pck. Backpulver
4 Eier (M)
Für die Füllung
1 mittelgroße Mango
(100 g)
1 Bio-Orange
100 g Cremequark
(0,2 %)
½ Pck. Sofort-
Gelatine
1 EL Raspel-
schokolade
Für den Guss
200 g Puderzucker
3 EL Orangensaft
Außerdem
Kastenform
(30 cm Länge)

1 Den Boden der Kastenform mit Backpapier auslegen. Den Backofen auf 180 °C (Umluft 160 °C, Gas Stufe 2) vorheizen.
2 Den Kürbis auf der Rohkostreibe fein raspeln. Mit der Zitronenschale vermischen. Das Obstkraut bei schwacher Hitze leicht erwärmen und mit dem Zitronensaft vermischen. Nüsse, Mehl, Puddingpulver, Lebkuchengewürz und Backpulver mischen.
3 Die Eier trennen. Eiweiße steif schlagen. Zuerst nacheinander die Eigelbe, dann esslöffelweise das flüssige Obstkraut unter den Eischnee rühren.
4 Das Kürbisfruchtfleisch auf den Teig geben. Die Nussmischung darüberstreuen und alles mit einem Spatel zu einem glatten Teig mischen.
5 Den Kuchenteig in der Kastenform glatt streichen. Den Kuchen in den heißen Backofen (mittlere Schiene) stellen, etwa 1 Stunde backen und noch 10 Minuten im abgeschalteten Ofen bei geschlossener Backofentür stehen lassen. Den

Kuchen herausnehmen, in der Form 20 Minuten ruhen lassen, auf ein Kuchengitter stürzen und abkühlen lassen.
6 Für die Füllung die Mango waschen, flach in die Hand legen und rundherum bis zum Kern einschneiden. Die Schale an der Oberseite abziehen und das Fruchtfleisch in Spalten vom Kern schneiden. Die Mango umdrehen, auf der zweiten Seite schälen und das Fruchtfleisch abschneiden. Die Orange waschen und reichlich Schale mit einem Zestenreißer abziehen. Die Frucht schälen und die Filets aus den Häuten schneiden.
7 Einige schöne Mangostücke beiseite legen, den Rest mit dem Cremequark pürieren. Die Gelatine und die Raspelschokolade untermischen. Den Kuchen quer halbieren, mit der Creme bestreichen, mit Mangostücken und Orangenfilets belegen und wieder zusammensetzen.
8 Puderzucker mit Orangensaft glattrühren und aufstreichen. Schalenstreifen darüberstreuen.

Schneewittchenkuchen

6,5 g Fett/Stück

Zubereitungszeit 30 Minuten   Ruhezeit 1 ½ Stunden   Backzeit 50 Minuten

Zutaten

Ergibt 20 Stücke
Für den Belag
700 g Sauerkirschen
Für den Teig
100 g Halbfettbutter
150 g Frischkäse
(0,2 %)
200 g Zucker
1 EL Vanillezucker
1 TL Rumaroma
Butter-Vanille-Aroma
Abrieb von 1 Zitrone
1 Prise Salz
4 Eier
2 Eiweiß
400 g Mehl
1 Pck. Vanille-
Puddingpulver
1 Pck. Backpulver
150 g Buttermilch
2 EL Kakao
Für die Creme
1 Pck. Vanille-
Puddingpulver (ohne
Kochen)
250 ml Milch (1,5 %)
1 EL Puderzucker
500 g Cremequark
(0,2 %)
Saft von ½ Zitrone
150 g Zartbitter-
Schokolade

1 Die Sauerkirschen waschen, trocken tupfen, abzupfen und entsteinen. Das Backblech mit Backpapier auslegen. Den Backofen auf 200 °C (Umluft 180 °C, Gas Stufe 3) vorheizen.

2 Die Butter, den Frischkäse und den Zucker mit den Quirlen des Handrührgerätes rühren, bis die Masse locker ist. Den Vanillezucker, das Rumaroma, einige Spritzer Butter-Vanille-Aroma, die Zitronenschale und das Salz untermischen. Die Eier und die Eiweiße gründlich verquirlen und darunterrühren.

3 Das Mehl mit dem Puddingpulver und dem Backpulver gemischt hinzufügen. Etwa 100 Milliliter Buttermilch unterrühren, bis sich alle Zutaten zu einem cremigen Teig verbinden, der in langen Zapfen von den Quirlen des Rührgeräts fällt.

4 Den Teig in zwei Portionen teilen. Eine Portion mit dem Kakaopulver verrühren und eventuell

noch etwas Buttermilch zugeben, damit der Teig cremig ist. Auf dem Backblech verstreichen. Den hellen Teig darüber glatt streichen und mit den Sauerkirschen belegen.

5 Den Kuchen in den heißen Backofen (untere Schiene) schieben und etwa 35 Minuten backen. Herausnehmen und auf dem Blech auskühlen lassen, bis er nur noch lauwarm ist.

6 Inzwischen für die Creme das Puddingpulver nach Packungsanleitung mit Milch und Puderzucker als dicken Pudding zubereiten. Durch ein Sieb streichen, mit dem Cremequark und dem Zitronensaft mischen und auf den Kirschen glatt streichen. Den Kuchen mit einem scharfen Messer in Stücke schneiden, vom Papier lösen und zum Abkühlen auf ein Kuchengitter legen.

7 Zum Servieren die Schokolade raspeln und die Kuchenstücke damit bestreuen.

Zucchinikuchen mit Cremeguss

9,5 g Fett/Stück

Zubereitungszeit 1 Stunde 10 Minuten Backzeit 45 Minuten

Zutaten
Ergibt 16 Stücke
Für den Teig
125 g Joghurtbutter
400 g kleine Zucchini
100 g gemahlene
Mandeln oder andere
Nüsse
250 g Mehl
1 TL Abrieb von
1 Bio-Zitrone
½ Pck. Backpulver
3 Eier
2 EL kaltes Wasser
200 g brauner Zucker
1 TL Vanillezucker
1 TL Vanillezucker
Etwas Butter-Vanille-,
Orangen- und Arrak-
Aroma
Für den Guss
1 Pck. Kokos-
Paradiescreme
300 ml Milch
(1,5 % Fett)
Außerdem
3 EL beliebige
Konfitüre
Kastenform
(28 cm Länge)

1 Den Boden der Form mit Backpapier auslegen und die Seiten fetten. Den Backofen auf 200 °C (Umluft 180 °C, Gas Stufe 3) vorheizen. Die Butter zerlassen. Die Zucchini waschen, putzen und fein reiben. In einem Sieb abtropfen lassen, bis der Teig fertig ist. Die Mandeln oder Nüsse mit Mehl, Zitronenschale und Backpulver mischen.
2 Die Eier mit dem Wasser, dem Zucker, Vanillezucker, Butter-Vanillearoma, Orangen- und Arrak-Aroma mit den Quirlen des Handrührgerätes zu einer dicken, schaumigen Creme aufschlagen.
3 Zuerst die Zucchini, dann die Butter und zuletzt die Mandelmischung mit einem Kochlöffel unterrühren und alles zu einem glatten Teig verrühren. Den Teig in der Form glatt streichen und im heißen Backofen (mittlere Schiene) etwa 45 Minuten backen. Herausnehmen und 15 Minuten in der Form ruhen lassen. Zum Abkühlen auf ein Kuchengitter stürzen.

4 Für den Guss die Paradiescreme mit der Milch nach Packungsanleitung zubereiten und 30 Minuten kühlen.
5 Den Kuchen auf eine Platte legen und mit der Konfitüre bestreichen. Mit der Creme überziehen und nach Belieben garnieren.

Variante Zucchinischnitten mit Pfirsichsahne: Den Teig wie oben beschrieben zubereiten, auf ein mit Backpapier ausgelegtes Blech streichen und etwa 30 Minuten backen. In 16 Stücke schneiden, vom Blech lösen und abkühlen lassen. Für den Belag 300 g fettarmen Vanillequark mit 1 Esslöffel Pfirsichlikör oder Fruchtsaft und 1 Esslöffel Puderzucker glatt rühren. 3 große Pfirsiche überbrühen, die Haut abziehen, halbieren, entsteinen und in kleine Stücke schneiden. Mit einer Gabel locker unter die Creme mischen. Den Pfirsichquark auf den Kuchenstücken verteilen, mit Schokoröllchen bestreuen.

Süsse Kleinigkeiten

Fein, leicht
und schnell

Johannisbeerschnittchen

8,9 g Fett/Stück

Zubereitungszeit 20 Minuten Backzeit 20 Minuten

Zutaten

Ergibt 10 Stücke
Für den Teig
4 Eier
1 EL kaltes Wasser
60 g Zucker
1 EL Vanillezucker
60 g Mehl
1 Pck. Schokoladen-
Puddingpulver
½ TL Abrieb von
1 Bio-Zitrone
1 Prise Backpulver
Für den Belag
600 g Johannisbeeren
750 g Vanille-
Grießpudding
und/oder Milchreis
Außerdem
150 g Johannisbeer-
gelee
Puderzucker und
Kakaopulver

1 Das Backblech mit Backpapier auslegen. Den Backofen auf 180 °C (Umluft 160 °C, Gas Stufe 2) vorheizen. Die Eier trennen.
2 Die Eiweiße mit dem Wasser halb steif schlagen. Zucker mit Vanillezucker mischen und langsam zugeben. Weiterrühren, bis der Schnee steif und noch elastisch ist.
3 Die Eigelbe nacheinander unterrühren. Das Mehl mit dem Puddingpulver, der Zitronenschale und dem Backpulver mischen und mit einem Spatel unterziehen. Den Teig auf dem Blech glatt streichen und 15 bis 20 Minuten auf der unteren Schiene backen.
4 Die Garprobe machen. Die fertige Platte aus dem Backofen nehmen und so auf ein feuchtes Küchentuch stürzen, dass das Backpapier oben ist. Das Papier abziehen. Die Kuchenplatte mit dem Johannisbeergelee bestreichen, dann aufrollen und abkühlen lassen.
5 Die Johannisbeeren waschen und etwa die Hälfte davon mit einer Gabel von den Stielen streifen. Die Biskuitrolle mit einem scharfen Messer mit Wellenschliff in 10 Scheiben schneiden. Auf jede Scheibe mit einem Löffel je eine Portion Vanillepudding, Grießpudding und/oder Milchreis geben. Mit den Beeren belegen und mit Puderzucker und Kakaopulver bestreuen.

Variante Paradiesschnitten mit Stachelbeeren: Statt Vanillepudding, Grießpudding oder Milchreis 1 Päckchen Bananen-Paradiescreme mit fettarmer Milch zubereiten. 500 Gramm Stachelbeeren waschen, Stiel- und Blüte abknipsen und die Beeren auf der Creme verteilen. Die Schnitten ebenfalls mit Puderzucker bestreuen.

Kleine Apfelkuchen

8,8 g Fett/Stück

Zubereitungszeit 30 Minuten Backzeit 50 Minuten

Zutaten

Ergibt 4 Kuchen

Für den Belag

400 g säuerliche
Äpfel (z. B. Elstar)

Saft von ½ Zitrone

Für den Teig

100 g Halbfett-
margarine

100 g Zucker

Je 1 TL gemahlene
Vanille, Zimt und
Ingwer

Je ½ TL gemahlener
Piment und Macis
(Muskatblüte)

1 Prise Salz

Abrieb und Saft von
½ Bio-Zitrone

3 Eier

100 g Mehl

50 g gemahlene
Walnüsse

1 Pck. Vanille-
Puddingpulver

1 gehäufter TL
Backpulver

Außerdem

100 g rote Konfitüre

3 EL Kokosflocken

Minikuchen-
Backblech (4 cm tief)

1 Die Äpfel waschen, vierteln, schälen, vom Kerngehäuse befreien und in Schnitze teilen. Mit dem Zitronensaft mischen.
2 Den Backofen auf 180 °C (Umluft 160 °C, Gas Stufe 2) vorheizen. Vier Mulden eines Minikuchen-Backblechs leicht fetten. Jeweils mit einem Streifen Backpapier auslegen, damit man die Kuchen später leicht aus den Formen heben kann.
3 Die weiche Margarine mit dem Zucker schaumig rühren. Zuerst alle Gewürze, Salz, Zitronenschale und Zitronensaft untermischen. Dann nacheinander die Eier unterrühren.
4 Das Mehl mit Nüssen, Puddingpulver und Backpulver mischen und hinzufügen. Alles mit einem Kochlöffel zu einem glatten Teig verrühren. Die Mulden mit dem Teig füllen und die Apfelschnitze dicht an dicht darauflegen. Das Blech in den heißen Backofen (mittlere Schiene) schieben und die Kuchen etwa 35 Minuten backen.
5 Das Blech herausnehmen und die Kuchen in der Form etwa 10 Minuten ruhen lassen. Dann mit einem Messer vorsichtig aus der Form lösen und noch warm mit der Konfitüre bestreichen. Auf einem Kuchengitter abkühlen lassen. Zum Servieren mit den Kokosflocken bestreuen.

Tipp Am besten schmecken die Kuchen mit den angegebenen Gewürzen, doch Sie können auch fertig gemischtes Lebkuchengewürz verwenden.

Muffins mit Heidelbeeren ▷

7,7 g Fett/Stück

Zubereitungszeit 10 Minuten *Backzeit* 20 Minuten

Zutaten
Ergibt 12 Stück
250 g Heidelbeeren
250 g Mehl
2 ½ TL Backpulver
125 g brauner Zucker
1 Pck. Vanillezucker
Etwas Zitronenaroma
1 Ei
250 ml Milch (1,5 %)
80 ml Öl
Außerdem
Muffinform

1 Den Backofen auf 200 °C (Umluft 180 °C, Gas Stufe 3) vorheizen. Die Muffinform fetten. Frische Heidelbeeren waschen und trocken tupfen.
2 Das Mehl mit Backpulver, Zucker, Vanillezucker und Zitronenaroma in einer Schüssel mischen. Ei, Milch und Öl kräftig miteinander verrühren und zugeben. Die frischen oder gefrorenen Heidelbeeren zufügen und alles mit einem Löffel verrühren.
3 Den Teig in den Formen verteilen. Die Muffins im heißen Backofen (mittlere Schiene) etwa 20 Minuten backen, bis sie aufgeplatzt sind.

Tipp Heidelbeeren können Sie auf Plantagen ernten. TK-Beeren sind eine gute Alternative.

Muffins mit Orangenguss

7,1 g Fett/Stück

Zubereitungszeit 10 Minuten *Backzeit* 20 Minuten

Zutaten
Ergibt 12 Stück
200 g Mehl
2 TL Backpulver
¼ TL Natron
50 g Zucker
1 Pck. Vanillezucker
2 Eier
200 g Buttermilch
60 ml Öl
100 g weiche Karamellbonbons
3 EL Orangenlikör

1 Den Backofen auf 200 °C (Umluft 180 °C, Gas Stufe 3) vorheizen. Die Muffinform fetten.
2 Mehl, Backpulver, Natron, Zucker und Vanillezucker mischen. Eier, Buttermilch und Öl kräftig verquirlen und unter die Mehlmischung rühren.
3 Den Teig in den Mulden verteilen. Die Muffins auf mittlerer Schiene 20 Minuten backen, bis sie aufgeplatzt sind.
4 Die Bonbons mit dem Likör bei starker Hitze unter Rühren schmelzen. Die lauwarmen Muffins in den warmen Guss tauchen und abkühlen lassen.

Tipp Das eher geschmacksneutrale Sonnenblumenöl eignet sich sehr gut als Zutat für süße Teige. Für Kinder ersetzen Sie den Orangenlikör einfach durch die gleiche Menge Orangensaft.

Buchweizentörtchen mit Ananas

9,8 g Fett/Stück

Zubereitungszeit 20 Minuten *Kochzeit* 40 Minuten *Backzeit* 40 Minuten

Zutaten
Ergibt 4 Stück
250 ml Milch
(1,5 % Fett)
1 Prise Salz
100 g Buchweizen-
körner
150 g Magerquark
1 EL Honig
2 Eier
100 g Joghurtbutter
50 g Zucker
1 TL Abrieb von
1 Bio-Zitrone
25 g Speisestärke
1 TL Backpulver
140 g Ananas-
scheiben (Dose)
Außerdem
4 Dessertringe
(10 cm Ø)

1 Die Milch mit dem Salz zum Kochen bringen. Den Buchweizen unterrühren, erneut aufkochen und zugedeckt bei schwacher Hitze in 40 Minuten ausquellen und sehr weich werden lassen. Dabei immer wieder umrühren. Vom Herd nehmen und lauwarm abkühlen lassen. Mit dem Quark und dem Honig verrühren.

2 Den Backofen auf 200 °C (Umluft 180 °C, Gas Stufe 3) vorheizen. Ein Backblech mit Backpapier belegen. Die Dessertringe fetten und auf das Backpapier setzen.

3 Die Eier trennen und die Eiweiße steif schlagen. Die Butter mit Zucker und Zitronenabrieb schaumig rühren. Zuerst die Eigelbe, dann den Buchweizenbrei und Quark daruntermischen.

4 Den Eischnee auf den Teig geben. Die Speisestärke mit dem Backpulver mischen, darübersieben und vermischen.

5 Den Teig in die Dessertringe füllen. Auf jedes Törtchen eine abgetropfte Ananasscheibe legen. Auf der unteren Schiene des Backofens etwa 40 Minuten backen, bis sie schön gebräunt sind. Herausnehmen, rundherum am Rand mit einer Messerspitze lösen und in den Ringen auf dem Blech 15 Minuten ruhen lassen. Die Ringe abnehmen und die Törtchen zum Abkühlen auf ein Kuchengitter legen.

Variante Couscous-Törtchen mit Aprikosen: 100 Gramm Instant-Couscous mit 200 Milliliter kochender fettarmer Milch übergießen. 10 Minuten ziehen lassen, dann den Teig wie oben zubereiten und in die Ringe füllen. Mit abgetropften Aprikosenhälften aus der Dose belegen und wie oben beschrieben backen. Die Törtchen zum Servieren mit gehackten Pistazienkernen bestreuen.

Holunder-Törtchen

5,8 g Fett/Stück

Zubereitungszeit 10 Minuten Backzeit 15 Minuten

Zutaten
Ergibt 6 Stück
6 Torteletts (100 g)
6 Holunder-
beerdolden
75 g Zucker
100 g Kaffeesahne
(10 %)
1 Ei
1 EL Vanillezucker
¼ TL Zimtpulver

1 Den Backofen auf 180 °C (Umluft 160 °C, Gas Stufe 2) vorheizen. Torteletts auf ein Backblech setzen.
2 Die Holunderdolden waschen und trocken schütteln. Beeren abstreifen und auf den Torteletts verteilen. Mit 2 Esslöffel Zucker bestreuen.

3 Die Kaffeesahne mit dem Ei, dem Vanillezucker und dem Zimt verrühren und über die Beeren gießen. Die Törtchen im heißen Backofen (mittlere Schiene) etwa 15 Minuten backen, bis der Belag leicht gebräunt ist.
4 Mit dem restlichen Zucker bestreuen und frisch servieren.

Feine Teebrötchen ▷

2 g Fett/Stück

Zubereitungszeit 20 Minuten Ruhezeit ca. 1 Stunde Backzeit 30 Minuten

Zutaten
Für 12 Stück
200 g Mehl
½ Pck. Trockenhefe
50 g brauner Zucker
1 Prise Salz
½ TL Lebkuchen-
gewürz
Orangenaroma
125 ml Milch (1,5 %)
1 Ei
1 EL weiche Butter
125 g Rum-Rosinen
Puderzucker
Mohrenkopfblech

1 Das Mehl mit Hefe, Zucker, Salz, Lebkuchengewürz und Orangenaroma in einer Schüssel gründlich mischen. Lauwarme Milch, Ei und Butter zugeben. Alles mit den Knethaken des Handrührgerätes 5 Minuten durchrühren, bis der Teig Blasen bildet und sich vom Schüsselrand löst.
2 Den Brötchenteig zugedeckt bei Zimmertemperatur etwa 1 Stunde gehen lassen, bis sich sein Volumen verdoppelt hat.

3 Die Rum-Rosinen mit einem Spatel unter den Teig mischen. Die Mulden des Backblechs fetten, den Teig darin gleichmäßig verteilen und noch 10 Minuten gehen lassen. Den Backofen auf 180 °C (Umluft 160 °C, Gas Stufe 2) vorheizen.
4 Die Teebrötchen im heißen Backofen (mittlere Schiene) 25 bis 30 Minuten backen. Die abgekühlten Gebäckstückchen mit gesiebtem Puderzucker bestreuen und servieren.

Süße Quarkbrötchen mit Mandeln

3,2 g Fett/Stück

Zubereitungszeit 30 Minuten Ruhezeit 1 ¼ Stunden Backzeit 25 Minuten

Zutaten
Ergibt 10 Stück
Für den Teig
250 g Mehl
½ Würfel Hefe
1 EL Zucker
125 g lauwarme
Buttermilch
1 TL Abrieb von
1 Bio-Zitrone
1 TL Salz
½ Fläschchen Butter-
Vanille-Aroma
1 Ei (S)
Für den Belag
1 EL Joghurtbutter
1 Ei (S)
2 TL Zitronensaft
70 g Zucker
250 g Magerquark
50 g Apfelmus
½ Fläschchen Butter-
Vanille-Aroma
1 gehäufter TL
Speisestärke
Außerdem
Mehl für die
Arbeitsfläche
2 EL Kaffeesahne
(10 %)
1 EL Mandelblättchen

1 Das Mehl in eine Schüssel geben und in die Mitte eine Mulde drücken. Die Hefe in die Vertiefung krümeln, mit Zucker, 4 Esslöffel Buttermilch und etwas Mehl vom Rand zum Vorteig verrühren. Den Vorteig zugedeckt bei Zimmertemperatur etwa 15 Minuten ruhen lassen, bis er sichtbar aufgegangen ist.
2 Den Vorteig mit dem gesamten Mehl verrühren. Die restliche Buttermilch, die Zitronenschale, das Salz, das Butter-Vanille-Aroma und das zimmerwarme Ei zugeben und alles mit den Knethaken des Handrührgerätes etwa 5 Minuten rühren, bis der Teig Blasen bildet und sich vom Schüsselrand löst.
3 Den Teig auf eine bemehlte Arbeitsfläche geben und mit den Händen etwa 5 Minuten kräftig durchkneten, bis er glatt und geschmeidig ist. Zu einer Rolle formen und in 12 Stücke teilen.
4 Jedes Teigstück zu einem runden Fladen mit etwas dickerem

Rand formen. Die Fladen nebeneinander auf ein Backblech mit Backpapier legen. Den Backofen auf 200 °C (Umluft 180 °C, Gas Stufe 3) vorheizen.
5 Für den Belag die Butter zerlassen. Das Ei trennen. Das Eiweiß mit 1 Teelöffel Zitronensaft halb steif schlagen. 1 Esslöffel Zucker langsam zugeben und weiter schlagen, bis der Eischnee sehr steif ist. In einer anderen Schüssel den Quark mit dem Rest von Zitronensaft und Zucker, der Butter, dem Apfelmus, dem Butter-Vanille-Aroma und der Speisestärke verrühren. Den Eischnee unterziehen.
6 Den Belag mit Hilfe eines Löffels jeweils in die Mitte der Teigfladen setzen. Die Quarkbrötchen rundherum am Rand mit der Kaffeesahne bestreichen. Mit den Mandelblättchen bestreuen, in den heißen Backofen (untere Schiene) schieben und etwa 25 Minuten backen. Gerade eben abgekühlt servieren.

Kirschtörtchen ▷

6,4 g Fett/Stück

Zubereitungszeit 10 Minuten *Backzeit* 20 Minuten

Zutaten
Ergibt 12 Stück
250 g Mehl
1 Pck. Vanillepudding
2 ½ TL Backpulver
½ TL Natron
80 g Zucker
400 g Aprikosen-
joghurt
4 EL Marillenlikör
2 Eier
5 EL Öl
12 rote Belegkirschen

1 Den Backofen auf 200 °C (Umluft 180 °C, Gas Stufe 3) vorheizen. Die Muffinform fetten. Das Mehl mit Puddingpulver, Backpulver, Natron und Zucker in einer großen Schüssel mischen.
2 Den Joghurt mit dem Marillenlikör, Eiern und Öl aufschlagen, zum Mehl gießen und alles mit einem Löffel verrühren.

3 Die Muffinmulden mit dem Teig füllen. Die Kirschen so tief hineindrücken, dass sie vom Teig bedeckt sind. Im Backofen (mittlere Schiene) etwa 20 Minuten backen, bis sie schön gebräunt sind und etwas aufspringen.

Tipp Praktisch sind Papierförmchen: Dann brauchen Sie kein Fett.

Melonenkugeln

7,8 g Fett/Stück

Zubereitungszeit 30 Minuten *Backzeit* 30 Minuten

Zutaten
Ergibt 12 Stück
300 g Joghurt mit
Schokostückchen
100 g Apfelmus
3 Eier
50 g Zucker
5 EL Öl
300 g Mehl
1 TL Backpulver
½ Pck. Sofort-Gelatine
½ Honigmelone
3 EL Schokoraspel

1 Den Backofen auf 180 °C (Umluft 160 °C, Gas Stufe 2) vorheizen. Ein Mohrenkopfblech mit zwölf Mulden fetten.
2 100 Gramm Joghurt mit Apfelmus, Eiern, Zucker, Öl sowie mit dem mit Backpulver gemischtem Mehl verrühren.
3 Den Teig in die Mulden füllen und auf mittlerer Schiene etwa 30 Minuten backen. Herausnehmen, aus den Mulden lösen

und zum Abkühlen auf ein Kuchengitter legen.
4 Den restlichen Joghurt mit Schokostückchen mit der Sofort-Gelatine verrühren und auf den Mohrenköpfen verteilen. Die Melonenhälfte (etwa 250 Gramm) entkernen, das Fruchtfleisch mit einem Kugelausstecher herausholen und auf die Mohrenköpfe legen. Mit der Raspelschokolade bestreuen.

Mini-Bananen-Bagels

1,8 g Fett/Stück

Zubereitungszeit 20 Minuten Backzeit 30 Minuten

Zutaten

Ergibt 24 Stück

2 sehr reife Bananen (250 g)

2 EL Zitronensaft

1 EL Rum

200 g Apfelmus

2 EL Öl

3 Eier

80 g Puderzucker

1 TL gemahlene Vanille

250 g Mehl

1 TL Backpulver

Außerdem

3 EL Ingwergelee

Bunte Zuckerperlen

Donutblech mit 12 Mulden

1 Den Backofen auf 180 °C (Umluft 160 °C, Gas Stufe 2) vorheizen. Die Donutmulden gut fetten und mit Mehl ausstreuen.

2 Die Bananen schälen, mit Zitronensaft und Rum pürieren. Das Apfelmus und das Öl untermischen.

3 Die Eier trennen, die Eiweiße mit den Quirlen des Handrührgerätes halb steif schlagen. 2 Esslöffel Puderzucker dazugeben und den Schnee weiterschlagen bis er glänzt. Die Eigelbe, den restlichen Puderzucker und die gemahlene Vanille schaumig schlagen. Das Bananenpüree untermischen.

4 Das Mehl mit dem Backpulver mischen und auf den Teig sieben. Den Eischnee daraufgeben. Alles zu einem glatten Teig mischen.

5 In jede Donutmulde knapp 2 Esslöffel Teig geben und mit einem Messer etwas verstreichen. Die erste Portion Bananen-Bagels im heißen Backofen (mittlere Schiene) etwa 30 Minuten goldbraun backen.

6 Das Blech aus dem Ofen nehmen, jeden Bagel mit einer Messerspitze rundherum vom Rand der Mulde lösen und herausnehmen. Zum Abkühlen auf ein Kuchengitter legen.

7 Das Blech spülen und abtrocknen, erneut fetten und mit Mehl bestreuen und die Mulden mit dem restlichen Teig füllen. Wie oben beschrieben backen und abkühlen lassen. Die Bananen-Bagels mit dem Ingwergelee bestreichen und mit den Zuckerperlen bestreuen.

Zwetschgen-Minis ▷

4,3 g Fett/Stück

Zubereitungszeit 15 Minuten Backzeit 35 Minuten

Zutaten
Ergibt 6 Stück
150 g Weißbrot
450 g Vanillepudding
150 ml Milch (1,5 %)
2 Eier
1 TL Abrieb von
1 Bio-Zitrone
24 Zwetschgen
Außerdem
Zimtzucker
Minikuchen-
Backblech, 4 cm tief

1 Das Brot entrinden und würfeln. Den Pudding mit Milch, Eiern und Zitronenschale verrühren. Das Brot damit mischen und 10 Minuten ziehen lassen.
2 Die Mulden des Minikuchenblechs mit Streifen von Backpapier auslegen, damit man die fertigen Kuchen später gut herausheben kann. Den Backofen auf 200 °C (Umluft 180 °C, Gas Stufe 3) vorheizen. Die Zwetschgen waschen, halbieren und entsteinen.
3 Die Mulden mit dem Brot füllen und jeweils mit 4 Zwetschgen belegen. Im heißen Backofen (mittlere Schiene) etwa 45 Minuten backen. Heiß mit Zimtzucker bestreuen, etwas ruhen lassen und dann aus den Formen nehmen. Frisch servieren!

Pfirsich-Joghurt-Muffins

6,4 g Fett/Stück

Zubereitungszeit 30 Minuten Backzeit 50 Minuten

Zutaten
Ergibt 12 Stück
3 Pfirsichhälften
250 g Mehl
2 ½ TL Backpulver
¼ TL Natron
80 g Zucker
400 g Pfirsich-
Maracuja-Joghurt
2 Eier
3 EL Pfirsichsaft
1 EL Zitronensaft
60 ml Öl

1 Den Backofen auf 200 °C (Umluft 180 °C, Gas Stufe 3) vorheizen. Die Muffinmulden fetten. Die Pfirsichhälften in kleine Stücke schneiden.
2 Mehl mit Hefe, Backpulver, Natron und Zucker in einer Schüssel mischen. Joghurt mit Eiern und Öl kräftig aufschlagen und zugießen. Die Pfirsichstücke zufügen und alles mit einem Löffel verrühren.
3 Die Muffinmulden mit dem Teig füllen. Muffins im heißen Backofen (mittlere Schiene) etwa 20 Minuten backen, bis sie gebräunt und aufgeplatzt sind. Mit Puderzucker bestreuen.

Nektarinen-Törtchen mit Vanillesauce

9,5 g Fett/Stück

Zubereitungszeit 45 Minuten Backzeit 30 Minuten

Zutaten

Ergibt 6 Stück

Für den Teig

100 g Halbfettbutter

50 g Puderzucker

4 Eier (M)

100 g Apfelmus

Abrieb von

½ Bio-Zitrone

350 g Mehl

1 geh. TL Backpulver

Für den Belag

1 Pck. Vanille-Puddingpulver (ohne Kochen)

300 ml Milch (1,5 % Fett)

3 Nektarinen (etwa 350 g)

Außerdem

1 EL Schokoröllchen

1 Blech mit 6 Mini-Napfkuchenmulden (10 cm Ø)

1 Die Napfkuchenmulden gut fetten. Den Backofen auf 200 °C (Umluft 180 °C, Gas Stufe 3) vorheizen.

2 Die Butter und den Puderzucker mit den Quirlen des Handrührgerätes schaumig rühren. Die Eier mit dem Apfelmus und der Zitronenschale verquirlen und nach und nach unterrühren.

3 Das Mehl mit dem Backpulver mischen, zugeben und alles zu einem glatten Teig verrühren. Den Teig in die Napfkuchenmulden füllen, in den heißen Backofen (untere Schiene) stellen und etwa 30 Minuten backen.

4 Herausnehmen und in den Mulden 15 Minuten ruhen lassen. Zum Abkühlen auf ein Kuchengitter stürzen.

5 Pudding nach Packungsanleitung, aber mit weniger Milch zubereiten und kühl stellen.

6 Die Nektarinen waschen, abtrocknen, in Schnitze teilen und dabei entsteinen. Die Törtchen auf Kuchenteller setzen, mit der Vanillesauce überziehen und mit den Nektarinen belegen. Nach

Belieben mit den Schokoröllchen bestreuen und sofort servieren.

Variante Aprikosentörtchen: 6 mittelgroße Aprikosen überbrühen, abziehen, in Schnitze teilen und entsteinen. 2 Esslöffel Zucker mit 125 Milliliter Wasser und 1 Esslöffel Zitronensaft aufkochen. Die Aprikosen darin kurz aufkochen und auf ein Sieb abgießen. Dabei den Sud für den Guss auffangen. Den Teig wie oben beschrieben zubereiten. Sechs gefettete Dessertringe auf ein Backblech mit Backpapier setzen und mit dem Teig füllen. Die Aprikosenschnitze darauf verteilen. Die Törtchen wie oben beschrieben backen und in den Ringen abkühlen lassen. Den aufgefangenen Sud gegebenenfalls mit kaltem Wasser auf 125 Milliliter ergänzen. ½ Päckchen Tortenguss damit nach der Packungsanleitung, aber ohne zusätzlichen Zucker, zubereiten. Die Törtchen damit überziehen und servieren, sobald der Guss erstarrt ist.

Cranberry-Grießtörtchen

9,6 g Fett/Stück

Zubereitungszeit 45 Minuten Backzeit 1 Stunde

Zutaten
Ergibt 6 Stück

250 ml Milch
(1,5 % Fett)

1 Prise Salz

60 g Weichweizen-
grieß

75 g Joghurtbutter

125 g Zucker

Etwas Bittermandelöl

Abrieb und Saft von
½ Bio-Zitrone

4 Eier

500 g Magerquark

125 g getrocknete
Cranberrys

2 Pck. Vanille-Pud-
dingpulver, backfest

2 TL Backpulver

Außerdem

6 Dessertringe
(10 cm Ø)

1 Die Milch mit dem Salz zum Kochen bringen. Den Grieß einrühren, kurz aufkochen und sofort von der Kochstelle nehmen. Den Grießbrei zugedeckt lauwarm abkühlen lassen. Dabei häufig kräftig durchrühren.
2 Den Backofen auf 200 °C (Umluft 180 °C, Gas Stufe 3) vorheizen. Ein Backblech mit Backpapier belegen. Die Dessertringe fetten und auf das Papier setzen.
3 Die weiche Butter mit dem Zucker, einigen Tropfen Bittermandelöl, Zitronenschale und Zitronensaft schaumig rühren. Die Eier trennen. Die Eigelbe nacheinander unter den Teig rühren. Den Grießbrei und den Quark daruntermischen.
4 Die Cranberrys auf den Teig streuen. Die Eiweiße steif schlagen und auf die Beeren geben. Das mit Backpulver gemischte Puddingpulver darübersieben. Alles mit einem Spatel mischen.
5 Den Teig in die Dessertringe füllen und im heißen Backofen (untere Schiene) etwa 45 Minuten backen. Herausnehmen,

rundherum am Rand der Ringe mit einer Messerspitze lösen und in den Ringen auf dem Blech 15 Minuten ruhen lassen. Die Ringe abnehmen und die Törtchen zum Abkühlen auf ein Kuchengitter legen. Frisch servieren!

Variante Mini-Grießkuchen mit Kirschen: Den Teig wie oben aus Grießbrei, Butter, Zucker, Aromen, Quark und Eigelb rühren. 125 Gramm getrocknete Kirschen auf den Teig streuen. Den Eischnee daraufgeben, 50 Gramm Speisestärke mit 1 Teelöffel Backpulver vermischt daraufsieben und alles mischen. In sechs mit Backpapier ausgelegte Minibackformen füllen und im vorgeheizten Backofen bei 200 °C (Umluft 180 °C, Gas Stufe 3) etwa 50 Minuten backen. In den Mulden abkühlen lassen. Auf Kuchenteller legen, mit Zimtzucker bestreuen und mit Sprühsahne aus der Dose oder jeweils 1 Teelöffel fettarmem Joghurt mit beliebigem Fruchtzusatz garnieren.

Cremeröllchen

7,4 g Fett/Stück

Zubereitungszeit 40 Minuten Backzeit 10 Minuten

Zutaten
Ergibt 16 Stück
Für den Teig
125 g Joghurtbutter
50 g Zucker
2 EL Honig
3 EL weißer Rum
100 g Instantmehl
½ TL Ingwerpulver
Für die Füllung
100 g Sahne
2 EL Puderzucker
500 g Cremequark
1 TL Abrieb von
1 Bio-Zitrone
½ Pck. Sofort-
Gelatine
Außerdem
Puderzucker
Öl für den Kochlöffel

1 Die Butter, den Zucker und den Honig in einem Topf bei schwacher Hitze rühren, bis der Zucker geschmolzen ist. Von der Kochstelle nehmen, den Rum unterrühren und die Mischung abkühlen lassen. Das Backblech mit Backpapier auslegen. Den Backofen auf 200 °C (Umluft 180 °C, Gas Stufe 3) vorheizen.
2 Das Mehl mit dem Ingwer mischen, auf die Buttermasse sieben und alles zu einem glatten Teig verrühren. Den Teig mit zwei Teelöffeln als walnussgroße Häufchen auf das Backpapier setzen. Dabei jeweils 10 Zentimeter Abstand lassen.
3 Das Blech in den heißen Backofen (mittlere Schiene) schieben und die Häufchen in 8 bis 10 Minuten goldbraun backen.
4 Die Kreise noch warm um den mit Öl bestrichenen Stiel eines

Kochlöffels wickeln, sodass sich Röllchen bilden. Die Röllchen sofort wieder abnehmen und einige Minuten auf einem Kuchengitter abkühlen lassen.
5 Für die Füllung die Sahne mit dem Puderzucker steif schlagen. Den Cremequark mit Zitronenschale und Gelatine verrühren. Die Sahne unterziehen. Die Creme in einen Spritzbeutel mit Sterntülle füllen und in die Röllchen spritzen. Mit Puderzucker bestreuen und sofort servieren.

Variante Kirschröllchen: Die Röllchen wie oben beschrieben backen und abkühlen lassen. Mit entsteinten Kirschen füllen und jeweils an beiden Enden eine Sahnerosette mit Sprühsahne aus der Dose hineinsprühen. Mit gesiebtem Puderzucker bestreut servieren.

Weintraubentörtchen

4,3 g Fett/Stück

Zubereitungszeit 45 Minuten Backzeit 35 Minuten

Zutaten
Ergibt 12 Stück
Für den Teig
250 ml Wasser
70 g Zucker
60 g Halbfettbutter
1 Prise Salz
1 TL Abrieb von
1 Bio-Zitrone
150 g Mehl
4 Eier (S)
Für den Belag
1 Pck. Cremespeise-
Pulver (Aprikose-
Maracuja)
200 ml Wasser
150 g Cremequark
(0,2 %)
2–3 EL Zimtzucker
750 g blaue und
grüne kernlose
Weintrauben
1 EL Puderzucker
1 Pck. weißer
Tortenguss
250 ml halbtrockener
Weißwein

1 Das Wasser mit 2 Esslöffel Zucker, Butter und Salz in einem Topf aufkochen und so lange kochen lassen, bis die Butter geschmolzen ist. Das gesamte Mehl unter Rühren hinzugeben. Bei schwacher Hitze so lange weiterrühren, bis sich der Teig zu einem Kloß zusammenballt und sich am Boden des Topfes eine weiße Schicht bildet.

2 Den Teig in eine Rührschüssel geben. 1 Ei mit den Knethaken des Handrührgerätes unter den heißen Teig mischen. Den Teig lauwarm abkühlen lassen.

3 Inzwischen den Backofen auf 200 °C (Umluft 180 °C, Gas Stufe 3) vorheizen. Das Backblech mit Backpapier auslegen.

4 Die restlichen Eier trennen. Die Eigelbe unter den Teig rühren und zusammen mit dem letzten Eigelb das Backpulver untermischen. Die Eiweiße mit dem restlichen Zucker steif schlagen und unter den Teig ziehen.

5 Den Teig in Form von sechs Kreisen auf das Blech streichen oder mit einem Spritzbeutel auftragen. Das erste Blech in den heißen Ofen (mittlere Schiene) schieben und die Törtchen etwa 20 Minuten backen. Die Törtchen auf dem zweiten Blech ebenso backen. Die Törtchen herausnehmen, nebeneinander auf ein Kuchengitter legen und gerade eben abkühlen lassen.

6 Das Cremepulver nach der Packungsanleitung mit Wasser und Quark zubereiten. 2 Esslöffel Zimtzucker untermischen, 30 Minuten kühl stellen.

7 Die Weintrauben waschen und abzupfen. Die Törtchen mit der Creme bestreichen und mit den Weintrauben belegen. Den restlichen Zimtzucker darüberstreuen. Den Tortenguss nach Packungsanleitung zubereiten und über die Früchte gießen. Die Törtchen erst servieren, wenn der Guss ganz erstarrt ist.

Zitronentörtchen

1,8 g Fett/Stück

Zubereitungszeit 30 Minuten Backzeit 20 Minuten

Zutaten
Ergibt 12 Stück
Für den Teig
3 frische Eier (M)
Saft und Schale von
1 kleinen Bio-Zitrone
100 g Zucker
100 g Instantmehl
1 TL Backpulver
100 g gewürfeltes
Zitronat
Für die Füllung
2 Becher Diät-
Frischkäse mit
beliebigen Früchten
(je 125 g; 0,4 %)
Außerdem
Muffin-Papier-
förmchen
Belegkirschen
Schoko-Dekorblätter
(Zartbitter)
Muffinform

1 Den Backofen auf 200 °C (Umluft 180 °C, Gas Stufe 3) vorheizen. Die Papierförmchen in die Muffinmulden setzen.

2 Die Eier, den Zitronensaft und den Zucker in einer hohen Schüssel mit den Quirlen des Handrührgerätes so lange schlagen, bis sich eine dicke, elfenbeinfarbene Creme gebildet hat.

3 Das Mehl mit Zitronenschale und Backpulver mischen und auf die Eiercreme sieben. Das Zitronat darüberstreuen und alle Zutaten gründlich mit einem Kochlöffel verrühren.

4 Die Papierformen mit dem Teig füllen und die Törtchen im heißen Backofen (mittlere Schiene) in etwa 20 Minuten goldbraun backen. Herausnehmen und aus dem Muffinblech zum Abkühlen auf ein Kuchengitter geben.

5 Die Papierförmchen am Rand abziehen und die Törtchen quer halbieren. Jedes Törtchen mit einem Teelöffel Frischkäse füllen und mit Frischkäse belegen. Mit den Schokoblättern und den Kirschen garnieren.

Variante Früchtebissen: Den Teig wie beschrieben zubereiten, dabei das Zitronat durch 1 Päckchen Früchtemix (100 Gramm) ersetzen. Die Törtchen backen und abkühlen lassen. Das Papier am Rand abziehen, die Törtchen halbieren, mit Kirschkonfitüre füllen und wieder zusammensetzen. 400 Gramm Frischkäse (0,2 %) mit 100 Gramm Puderzucker, 4 Teelöffel Zitronensaft und reichlich abgeriebener Bio-Zitronenschale verrühren. Nach Wunsch mit Speisefarbe zartgrün oder hellrosa einfärben. In einen Spritzbeutel mit Sterntülle geben und auf die Törtchen spritzen. Einen Teil der Früchtebissen mit Marzipanrosen garnieren, die anderen mit Zuckerstreuseln oder Zuckerperlen bestreuen.

WEIHNACHTS-BÄCKEREI

Feines
im Advent

Mohnstollen mit Obst

7,8 g Fett/Stück

Zubereitungszeit 1 Stunde Ruhezeit 12 Stunden Backzeit 1 ¼ Stunden

Zutaten

Ergibt 24 Stücke

Für den Teig

500 g Mehl

1 Würfel Hefe

50 g Zucker

250 g lauwarme Buttermilch

50 g weiche Halbfettbutter

Abrieb von 1 Bio-Zitrone

¼ TL Salz

1 zimmerwarmes Ei

Für die Füllung

200 g gemischtes Trockenobst

125 ml Fruchtsaft

100 g Apfelmus

2 EL Zitronensaft

1 Pck. backfertige Mohnmischung (250 g)

100 g Korinthen

Je 50 g gewürfeltes Zitronat und Orangeat

Außerdem

Mehl für die Arbeitsfläche

50 g Butter

1 geh. EL Zucker

100 g Puderzucker

1 Das Mehl in eine Schüssel geben und in die Mitte eine Mulde drücken. Die Hefe in die Vertiefung krümeln, 1 Esslöffel Zucker und 4 Esslöffel Buttermilch zugeben und mit etwas Mehl vom Rand zum Vorteig verrühren. Mit einem Küchentuch zugedeckt bei Zimmertemperatur 15 Minuten ruhen lassen.

2 Den Vorteig mit dem gesamten Mehl verrühren. Den Rest von Zucker und Buttermilch, die Butter, Zitronenabrieb, Salz und Ei zugeben. Den Teig mit den Knethaken des Handrührgerätes etwa 5 Minuten verrühren, bis er Blasen bildet und sich vom Schüsselrand löst. Zu einem Kloß formen, mit etwas Mehl bestreuen und zugedeckt in einem kühlen Raum etwa 12 Stunden oder über Nacht gehen lassen, bis sich sein Volumen verdoppelt hat.

3 Für die Füllung das getrocknete Obst grob zerkleinern, mit dem Fruchtsaft mischen und so lange ziehen lassen, bis der Teig aufgegangen ist. Das Apfelmus, den Zitronensaft, die Mohn-mischung, die Korinthen, Zitronat und Orangeat dazugeben und miteinander verrühren.

4 Den Teig auf einer bemehlten Arbeitsfläche mit den Händen etwa 5 Minuten durchkneten, bis er glatt ist. Auf einem bemehlten Küchentuch knapp fingerdick zu einem Rechteck ausrollen. Die Füllung darauf verteilen, den Teig aufrollen und an den Rändern festdrücken.

5 Ein Blech mit Backpapier belegen. Den Stollen mit Hilfe des Küchentuchs auf das Blech gleiten lassen (die Nahtstelle sollte unten liegen) und zugedeckt noch 15 Minuten ruhen lassen.

6 Inzwischen den Backofen auf 180 °C (Umluft 160 °C, Gas Stufe 2) vorheizen. Den Stollen in den heißen Backofen (untere Schiene) schieben und etwa 1 Stunde und 15 Minuten backen.

7 Den fertigen Stollen herausnehmen und etwa 5 Minuten abkühlen lassen. Mit zerlassener Butter bestreichen und mit dem Zucker bestreuen. Zum Schluss den Puderzucker darübersieben.

Weihnachtstorte

9,5 g Fett/Stück

Zubereitungszeit 30 Minuten Backzeit 20 Minuten Kühlzeit 2 Stunden

Zutaten
Ergibt 16 Stücke
Für den Teig
4 Eier
150 g Zucker
3 EL kaltes Wasser
60 g Mehl
60 g Speisestärke
1 TL Backpulver
Für die Füllung
500 g Kumquats
250 ml Wasser
100 g Zucker
100 g Sahne
250 ml Milch (1,5 %)
1 Pck. Vanille-
puddingpulver
(ohne Kochen)
250 g Magerquark
1 TL Abrieb von
1 Bio-Zitrone
Außerdem
200 g dunkle
Kuchenglasur
16 kandierte
Ingwerstäbchen
Springform (26 cm Ø)

1 Den Boden der Springform mit Backpapier auslegen. Den Backofen auf 200 °C (Umluft 180 °C, Gas Stufe 3) vorheizen.

2 Die Eier trennen. Die Eiweiße mit den Quirlen des Handrührgerätes halb steif schlagen. 3 Esslöffel Zucker zugeben und weiterschlagen, bis der Eischnee steif und cremig ist.

3 Die Eigelbe mit dem Wasser und dem restlichen Zucker zu einer dicken schaumigen Masse aufschlagen. Den Eischnee daraufsetzen. Das Mehl mit der mit Backpulver gemischten Speisestärke auf den Eischnee sieben. Alles mit einem Spatel zu einem lockeren Teig mischen.

4 Den Teig in der Springform glatt streichen. Den Tortenboden im heißen Backofen (mittlere Schiene) etwa 40 Minuten backen. Herausnehmen und einige Minuten auf einem Kuchengitter abkühlen lassen.

5 Für die Füllung die Kumquats waschen, in dünne Scheiben schneiden und dabei entkernen. Das Wasser mit dem Zucker auf-

kochen und unter Rühren sprudelnd kochen, bis sich der Zucker völlig aufgelöst hat. Die Kumquat-Scheiben darin knapp 3 Minuten sanft kochen lassen, bis sie glasig sind. Im Sud abkühlen lassen.

6 Für die Dekoration 16 Scheiben mit einer Gabel herausnehmen und auf einer Platte beiseitestellen. Die übrigen Kumquats auf ein Sieb geben und den Sud für die Creme auffangen.

7 Die Sahne steif schlagen. Den abgekühlten Sud mit der Milch mischen und damit das Puddingpulver nach Packungsanleitung zubereiten. Zuerst den Quark und den Zitronenabrieb, dann die Sahne und zuletzt die Kumquats untermischen.

8 Den Tortenboden zweimal quer halbieren, mit der Creme füllen und zusammensetzen. Die Torte 2 Stunden kühl stellen. Die Kuchenglasur nach Packungsanleitung schmelzen und die Torte damit überziehen. Mit Ingwerstäbchen, Mandeln und Kumquatscheiben garnieren.

Schneeflockentorte

8,6 g Fett/Stück

Zubereitungszeit 1 Stunde Backzeit 45 Minuten Kühlzeit 2 Stunden

Zutaten

Ergibt 16 Stücke
Für den Teig
50 g Joghurtbutter
50 g Apfelmus
2 Eier
30 g Puderzucker
Abrieb von
½ Bio-Zitrone
200 g Mehl
1 TL Backpulver
Für die Creme
500 g Magerquark
200 g Cremequark
(0,2 %)
100 ml Kokoscreme
(Packung)
50 g Zucker
1 EL Vanillezucker
2 EL Orangensaft
2 EL Kokoslikör
Für die Dekoration
4 Baisertörtchen
(Fertigprodukt)
2 EL Kokosraspel
Außerdem
100 g Aprikosen-
konfitüre
Springform (26 cm Ø)

1 Den Boden der Springform mit Backpapier auslegen. Den Backofen auf 200 °C (Umluft 180 °C, Gas Stufe 3) vorheizen.
2 Die Butter bei schwacher Hitze zerlassen und mit dem Apfelmus verrühren. Die Eier trennen. Die Eiweiße halb steif schlagen. 1 Esslöffel Puderzucker zugeben und schlagen, bis der Eischnee zu glänzen beginnt.
3 Die Eigelbe mit dem restlichen Puderzucker und der Zitronenschale zu einer dicken, schaumigen Creme aufschlagen. Die Apfelmusmischung unterrühren. Den Eischnee daraufsetzen und das mit Backpulver vermischte Mehl darübersieben. Alles mit einem Spatel zu einem glatten Teig rühren.
4 Etwa ein Viertel des Teiges in der Form glatt streichen und im heißen Backofen (mittlere Schiene) in etwa 15 Minuten hellbraun backen. Heraus-

nehmen und zum Abkühlen auf ein Kuchengitter geben.
5 Das Backpapier wieder in die Form geben, das zweite Viertel des Teiges darauf glatt streichen und wie oben beschrieben backen. Die restlichen beiden Teigportionen ebenfalls backen und gut abkühlen lassen.
6 Für die Creme den Magerquark mit dem Cremequark und der Kokoscreme verrühren. Zucker, Vanillezucker, Orangensaft und Kokoslikör unterrühren.
7 Die Tortenböden zuerst mit der Aprikosenkonfitüre, dann mit zwei Drittel der Creme bestreichen und zusammensetzen. Die Torte mit der restlichen Creme bestreichen und etwa 2 Stunden im Kühlschrank kalt stellen.
8 Die Baisertörtchen in einem Gefrierbeutel mit dem Nudelholz nicht zu fein zerkleinern. Mit den Kokosraspeln mischen und die Torte damit bestreuen.

Zimttörtchen ▷

4,2 g Fett/Stück

Zubereitungszeit 10 Minuten Backzeit 20 Minuten

Zutaten
Ergibt 12 Stück
250 g Mehl
2 ½ TL Trockenhefe
½ TL Natron
80 g Zucker
½ TL Zimtpulver
300 g Weihnachts-
quark (0,2 %)
100 g Buttermilch
2 EL Mandellikör
1 Ei
4 EL Öl
200 g Nussglasur
50 g Mandelblättchen

1 Den Backofen auf 200 °C (Umluft 180 °C, Gas Stufe 3) vorheizen. Die Muffinform einfetten.
2 Das Mehl mit der Hefe, dem Natron, dem Zimt und dem Zucker in einer Schüssel mischen. Den Quark mit der Buttermilch, dem Mandellikör, dem Ei und dem Öl mit den Quirlen des Handrührgerätes aufschlagen. Zur Mehlmischung gießen und alles mit einem Löffel verrühren.

3 Den Teig in die Muffinmulden füllen. Die Törtchen im heißen Backofen (mittlere Schiene) etwa 20 Minuten backen, bis sie aufgeplatzt sind. Herausnehmen und zum Abkühlen auf ein Kuchengitter legen.
4 Die Glasur im Wasserbad schmelzen und auf den Törtchen verteilen. Die Mandeln auf den weichen Guss streuen. Nach Wunsch mit Puderzucker bestreuen.

Festliche Litschi-Törtchen

4,3 g Fett/Stück

Zubereitungszeit 10 Minuten

Zutaten
Ergibt 4 Stück
200 g frische Litschis
100 g Orangenlikör
2 EL Himbeergelee
1 Pck. Paradiescreme
Pfirsich
250 g Dickmilch
(0,5 % Fett)
4 Mürbeteigtortelets
2 EL Schokoraspel

1 Die Litschis aus den Schalen lösen, halbieren und die Kerne entfernen. Früchte mit Orangenlikör und Himbeergelee mischen.
2 Die Paradiescreme nach der Packungsanleitung mit der Dickmilch zubereiten und in die Torteletts füllen. Die Litschis darauf verteilen und mit der Schokolade bestreuen.

Tipp Frische Litschis von guter Qualität erhalten Sie in gut sortierten Obst- und Gemüseabteilungen oder im Asialaden. Sie sind rostbraun mit harter und spröder Schale. Überreife Früchte färben sich dunkel, und das Fruchtfleisch schmeckt unangenehm säuerlich. Im Zweifelsfall zu Dosenlitschis greifen!

Gefüllter Honigkuchen

1,6 g Fett/Stück

Zubereitungszeit 30 Minuten Ruhezeit 3 Tage Backzeit 50 Minuten

Zutaten

Ergibt 20 Stücke
Für den Teig
250 g Honig
150 g Zucker
30 g Butter
2 TL Lebkuchen-
gewürz
Je 1 Bio-Zitrone
und -Orange
2 Eier
Etwa 600 g Mehl
1 TL Natron
1 große Msp.
Pottasche
1 EL Rum
Für die Füllung
500 g getrocknete
Feigen, Äpfel und
Aprikosen
2 cm frischer Ingwer
250 ml Wasser
100 g getrocknete
Mangostreifen
100 g Korinthen
2 EL Rum
2 EL Zitronensaft
Für den Guss
250 g Puderzucker
3 EL Rum
2 EL Zitronensaft
Außerdem
Kandierte Früchte

1 Den Honig, 100 Gramm Zucker und Butter in einen Kochtopf geben und bei schwacher Hitze unter Rühren erwärmen, bis der Zucker geschmolzen ist. Von der Kochstelle nehmen und lauwarm abkühlen lassen. Das Lebkuchen-gewürz und den Abrieb von Zitrone und Orange unterrühren.

2 Die Eier und den restlichen Zucker dick schaumig schlagen. Die halbe Menge Mehl in eine Schüssel sieben. Zuerst die Honigmischung, dann die Eier-creme unterrühren. Restliches Mehl mit dem Natron mischen und darübersieben. Pottasche in Rum auflösen und zugeben.

3 Alles mit den Händen zu einem Teig verkneten. Falls dieser sehr klebrig ist, noch esslöffelweise Mehl unterkneten. Den Teig in der Schüssel zu einem Kloß for-men, mit einem feuchten Küchentuch abdecken und bei Zimmertemperatur drei Tage ruhen lassen.

4 Für die Füllung die getrockne-ten Feigen, Äpfel und Aprikosen mit dem Wasser in einen Koch-topf geben. Den Ingwer schälen, klein schneiden und dazugeben. Das Obst aufkochen und zu-gedeckt bei schwacher Hitze 5 Minuten kochen. Mit dem Stabmixer zerkleinern. Mit den Mangostreifen, den Korinthen, dem Rum und dem Zitronensaft mischen und abkühlen lassen.

5 Ein Backblech mit Backpapier auslegen. Den Backofen auf 200 °C (Umluft 180 °C, Gas Stufe 3) vorheizen.

6 Den Teig in zwei Portionen tei-len. Die erste Portion auf einer bemehlten Arbeitsfläche in Größe des Backblechs ausrollen, auf das Blech legen und die Füllung darauf verteilen. Die zweite Portion ausrollen, auf die Füllung legen und leicht andrü-cken. Den gefüllten Honigkuchen im heißen Backofen (mittlere Schiene) etwa 40 Minuten backen. Herausnehmen und abkühlen lassen.

7 Den Puderzucker mit Rum und Saft verrühren und den Kuchen damit bestreichen. Mit kandier-ten Früchten garnieren.

Schokoladenherzen

5,1 g Fett/Stück

Zubereitungszeit 50 Minuten *Kühlzeit* 1 Stunde *Backzeit* 20 Minuten

Zutaten

Ergibt 18 Stück

Für den Teig

180 g Mehl

50 g gemahlene Mandeln

2 Pck. Schokoladen-Puddingpulver

75 g brauner Zucker

1 TL Abrieb von 1 Bio-Zitrone

½ TL Ingwerpulver

½ TL Zimtpulver

1 Msp. Nelkenpulver

1 TL Backpulver

1 Prise Salz

80 g Joghurtbutter

1 Ei

Außerdem

Klarsichtfolie

Herzausstecher

50 g feiner Zucker

1 EL Vanillezucker

1 ½ TL Zimtpulver

100 g beliebige Konfitüre

1 Das Mehl, die Mandeln, das Puddingpulver, den braunen Zucker, Zitronenschale, Ingwerpulver, Zimt, Nelken, Backpulver und Salz in einer Schüssel vermischen. Die Joghurtbutter und das Ei zugeben und alles mit dem Handrührgerät verkneten.

2 Auf eine leicht bemehlte Arbeitsfläche geben und mit den Händen rasch zu einem glatten Teig verkneten. Falls der Teig noch zu trocken ist und bröckelt, esslöffelweise Wasser untermischen. Den Teig zu einer Kugel formen und in Klarsichtfolie gewickelt 1 Stunde kühl stellen.

3 Backbleche mit Backpapier belegen. Ofen auf 180 °C (Umluft 160 °C, Gas Stufe 2) vorheizen.

4 Den Teig in zwei Portionen teilen, jeweils auf wenig Mehl etwa messerrückendick ausrollen und zu Herzchen ausstechen. Nebeneinander auf zwei Backbleche legen. Die Bleche nacheinander in den heißen Backofen (mittlere Schiene) schieben und die Herzchen jeweils in 10 bis 12 Minuten goldgelb backen.

5 Inzwischen den Zucker mit Vanillezucker und Zimt auf einem großen Teller mischen. Die Herzchen so heiß wie möglich vom Blech lösen, jeweils eines mit Konfitüre bestreichen, ein zweites darüberlegen und zusammendrücken. Sofort in der Zuckermischung wälzen. Auf einem Rost abkühlen lassen.

Tipp Alle Kekse sollten Sie nach dem Backen schnell vom Blech lösen. Zum einen ist der Dampf zwischen Gebäck und Blech schnell verdunstet, und dann trocknen die Kekse an. Zum anderen haftet der Zucker nur an heißen, noch etwas feuchten Plätzchen.

Gewürzsterne ▷

3,4 g Fett/Stück

Zubereitungszeit 20 Minuten *Kühlzeit* 1 Stunde *Backzeit* 20 Minuten

Zutaten

Ergibt 30 Stück

125 g Joghurtbutter

175 g Zucker

1 Ei (M)

250 g Mehl

1 EL gemahlene Haselnüsse

2 TL Lebkuchengewürz

1 Prise Salz

200 g Puderzucker

2 EL Orangensaft

Bunte Zuckerstreusel

1 Die weiche Butter mit dem Zucker schaumig rühren. Das Ei untermischen. Mehl mit Nüssen, Lebkuchengewürz und Salz mischen und unterrühren. Den Teig in Folie wickeln und 1 Stunde kühl stellen.

2 Zwei Bleche mit Backpapier belegen. Ofen auf 180 °C (Umluft 160 °C, Gas Stufe 2) vorheizen.

3 Den Teig auf der leicht bemehlten Arbeitsfläche messerrücken-dick ausrollen. Die Kekse mit einem Sternchenausstecher ausstechen und auf die beiden Bleche verteilen. Im heißen Ofen (mittlere Schiene) pro Blech etwa 10 Minuten backen. Die Kekse herausnehmen, sofort vom Blech lösen und auf einen Rost legen.

4 Den Puderzucker mit dem Orangensaft verrühren. Die Sterne damit bestreichen und mit Zuckerstreuseln verzieren.

Cappuccino-Kekse

2,9 g Fett/Stück

Zubereitungszeit 20 Minuten *Kühlzeit* 1 Stunde *Backzeit* 10 Minuten

Zutaten

Ergibt 30 Stück

150 g Mehl

50 g Instant-Cappuccino

125 g Joghurtbutter

50 g Zucker

100 g fettarmer Frischkäse

1 EL Vanillezucker

Zimtpulver zum Bestreuen

1 Das Mehl mit dem Cappuccino mischen. Mit Butter und Zucker zu einem glatten Teig kneten. Den Teig zu einer Rolle formen und in Folie gewickelt 1 Stunde kühl stellen.

2 Den Backofen auf 200 °C (Umluft 180 °C, Gas Stufe 3) vorheizen. Backblech mit Backpapier belegen. Die Teigrolle mit einem scharfen Messer in 30 Scheiben schneiden und auf das Blech legen. Im heißen Backofen (mittlere Schiene) 10 Minuten backen.

3 Den Frischkäse sorgfältig mit dem Vanillezucker verrühren. Mit dem Spritzbeutel in Form einer kleinen Portion Milchschaum oben auf die Cappuccino-Kekse setzen und mit ein wenig Zimtpulver bestreuen.

LEICHTE DESSERTS

Süßes
aus dem Ofen

Englischer Obstauflauf

9,3 g Fett/Stück

Zubereitungszeit 15 Minuten Backzeit 50 Minuten

Zutaten

Ergibt 4 Portionen

360 g Nektarinen

Je 250 g Johannis-
beeren und Kirschen

100 g Zucker

100 g Mehl

¼ TL Trockenhefe

1 TL Abrieb von

1 Bio-Zitrone

50 g Joghurtbutter

1 Ei

2–3 EL Milch (1,5 %)

Außerdem

Fett für die Form

2 EL gehackte
Mandeln

Puderzucker zum
Bestreuen

Gratinform

1 Die Gratinform fetten. Den Backofen auf 200 °C (Umluft 180 °C, Gas Stufe 3) vorheizen.
2 Das Obst waschen. Die Nektarinen halbieren, entsteinen und in die Form legen. Die Johannisbeeren mit einer Gabel von den Stielen streifen, die Kirschen abzupfen und entsteinen. Die Früchte in der Form verteilen und mit 2 Esslöffel Zucker bestreuen.
3 Das Mehl mit dem restlichen Zucker, der Trockenhefe und Zitronenschale in einer Schüssel mischen. Die klein geschnittene Butter darauf verteilen. Mit den Fingerspitzen verreiben, bis die Mischung krümelig wird.
4 Das Ei und die Milch zugeben und alles mit einem Löffel zu einem weichen Teig verrühren. Mit Hilfe eines Löffels zwischen die Nektarinen setzen und mit den Mandeln bestreuen.

5 Das Gratin im heißen Backofen (mittlere Schiene) in etwa 50 Minuten goldbraun backen. Mit Puderzucker bestreuen und heiß oder lauwarm servieren.

Variante Apfelgratin mit Streuseln: 3 mittelgroße Äpfel schälen, entkernen und klein würfeln. 3 reife Bananen mit einer Gabel zerdrücken. Die Früchte mit 400 Gramm Apfelmus, 4 Esslöffel Zucker, 1 Päckchen Rum-Rosinen, 3 Esslöffel Zitronensaft und 1 Päckchen Vanille-Puddingpulver mischen und in eine gefettete Gratinform streichen. 150 g Mehl mit 4 Esslöffel Zucker und ½ Teelöffel Zimt mischen. 100 Gramm Joghurtbutter zerlassen, zugießen und alles zu Streuseln verrühren. Diese über der Apfelmischung verteilen. Im vorgeheizten Ofen backen.

Luftige Erdbeertörtchen

5,4 g Fett/Stück

Zubereitungszeit 30 Minuten Backzeit 1 ½ Stunden

Zutaten

Ergibt 8 Stück
Für die Baisertörtchen
6 Eiweiß
2 TL Zitronensaft
200 g Puderzucker
1 Pck. Bourbon-
Vanillearoma
2 EL gemahlene
Walnüsse
60 g Speisestärke
Für die Füllung
700 g Erdbeeren
250 g Magerquark
50 g Puderzucker
100 g Sahne
Außerdem
Einige Blätter
Zitronenmelisse

1 Das Backblech mit Backpapier auslegen. Einen Spritzbeutel mit großer Sterntülle bereitlegen. Den Elektrobackofen auf 100 °C (→ Tipp) schalten.

2 Die Eiweiße mit Zitronensaft mit den Quirlen des Handrührgerätes halb steif schlagen. Die Hälfte des Puderzuckers nach und nach zugeben und schlagen, bis der Eischnee glänzt.

3 Den restlichen Puderzucker, die Bourbon-Vanille, die Nüsse und die Speisestärke mischen und einrieseln lassen. So lange weiterschlagen, bis sich lange Spitzen bilden, sobald man die Quirle aus dem Eischnee zieht.

4 Die Baisermasse in den Spritzbeutel füllen, 16 Rosettenkränzchen auf das Blech spritzen und innen mit Baiser ausfüllen.

5 In den warmen Backofen (mittlere Schiene) schieben und 1 Stunde und 30 Minuten lang mehr trocknen lassen als backen. Herausnehmen, vom Backpapier lösen und auf einem Kuchengitter abkühlen lassen.

6 Erdbeeren waschen und abzupfen. Etwa ein Drittel der Beeren für die Dekoration beiseitelegen. Den Rest mit Quark und Puderzucker pürieren. Die Sahne steif schlagen und unterziehen.

7 Die Creme auf der Hälfte der Törtchen verteilen, mit halbierten oder geviertelten Beeren belegen und die restlichen Törtchen daraufsetzen. Mit Erdbeeren und Melisse garniert sofort servieren.

Tipp Ein Baiser wird im Ofen bei 100 °C mehr getrocknet als gebacken. Gut gelingt das im Elektrobackofen mit Ober- und Unterhitze; bei Umluft wird die zarte Eiweißmasse zäh.

Quarkstrudel

5 g Fett/Stück

Zubereitungszeit 30 Minuten Ruhezeit 2 Stunden Backzeit 50 Minuten

Zutaten
Ergibt 12 Stücke
Für die Füllung
1 Pck. getrocknete
Mangostreifen (100 g)
100 g getrocknete
Aprikosen
100 g Sultaninen
¼ l Fruchtsaft
40 g Amarettini
50 g Joghurtbutter
500 g Cremequark
(0,2 %)
1 Ei
1 Pck. backfeste
Vanille-Puddingcreme
1 geh. EL Zucker
Abrieb von
½ Bio-Zitrone
2 EL Zitronensaft
100 g fettarmer
Joghurt (1,5 %)
Für die Hülle
3 große ovale Yufka-
Teigblätter (je 80 g,
ersatzweise Filoteig)
Zum Backen
250 ml Milch (1,5 %)
1 EL Puderzucker
Außerdem
2–3 EL Zimtzucker
Gratinform
(30 cm lang)

1 Die Mangostreifen, Aprikosen und Sultaninen in eine große Schüssel geben, mit dem Fruchtsaft übergießen und zugedeckt 2 Stunden ziehen lassen.

2 Die Amarettini in einen Gefrierbeutel geben und mit dem Nudelholz zerbröseln. Den Backofen auf 200 °C (Umluft 180 °C, Gas Stufe 3) vorheizen. Die Butter in einem Topf schmelzen und etwas davon in der Form verstreichen.

3 Den Cremequark mit dem Ei, der Puddingcreme, dem Zucker, dem Zitronenabrieb und dem Zitronensaft verrühren. Den verbliebenen Saft der eingeweichten Früchte unterrühren.

4 Die Teigblätter auf einem großen Küchentuch übereinanderlegen, dabei jeweils mit Butter bestreichen. Die Quarkmischung auf dem obersten Blatt glatt streichen. Mit dem eingeweichten Obst belegen und mit einem Löffel den Joghurt daraufsetzen. Mit den Amarettinibröseln bestreuen, aufrollen und in die Form legen.

5 Die Milch mit dem Puderzucker zur restlichen Butter geben, alles verrühren und um den Strudel gießen.

6 Den Strudel in den heißen Backofen (mittlere Schiene) schieben und etwa 50 Minuten backen. Dabei immer wieder mit der Flüssigkeit aus der Form bestreichen. Herausnehmen, heiß mit Zimtzucker bestreuen und servieren.

Aprikosengratin ▷

5,7 g Fett/Stück

Zubereitungszeit 30 Minuten Backzeit 20 Minuten

Zutaten
Ergibt 4 Portionen
800 reife Aprikosen
100 g brauner Zucker
50 g kernige
Müslimischung
(ohne Zucker)
3 Eier
125 ml Milch
1 TL gemahlene
Vanille
1 TL Abrieb von
1 Bio-Zitrone
Außerdem
Gratinform

1 Die Gratinform mit etwas Butter fetten. Den Backofen auf 220 °C (Umluft 200 °C, Gas Stufe 5) vorheizen.
2 Die Aprikosen überbrühen, abziehen, halbieren, entsteinen und mit den Höhlungen nach oben in die Gratinform geben. 1 Esslöffel Zucker und die Müslimischung darüberstreuen.
3 Die Eier trennen. Die Eiweiße mit den Quirlen des Handrührgerätes halb steif schlagen. Noch 1 Esslöffel Zucker hineinstreuen und schlagen, bis der Eischnee cremig ist.
4 Die Eigelbe, die Milch, die Vanille und den Zitronenabrieb zugeben. Die Creme auf den Aprikosen verteilen und mit dem restlichen Zucker bestreuen.
5 Das Gratin in den heißen Backofen (mittlere Schiene) schieben und etwa 20 Minuten backen, bis es oben goldgelb ist. Kurz auskühlen lassen und servieren.

Warmer Heidelbeerkuchen

2,3 g Fett/Stück

Zubereitungszeit 15 Minuten Backzeit 30 Minuten

Zutaten
Ergibt 12 Stücke
500 g Heidelbeeren
400 g Mehl
1 Pck. Backpulver
100 g Zucker
300 ml Buttermilch
3 Eier
Außerdem
Zimtzucker

1 Ein Backblech mit Backpapier auslegen. Den Backofen auf 200 °C (Umluft 180 °C, Gas Stufe 3) vorheizen. Die Heidelbeeren waschen, gut abtropfen lassen und trocken tupfen.
2 Das Mehl mit Backpulver und der Hälfte des Zuckers mischen. Die Buttermilch und die Eier zugeben und alles verrühren.
3 Den Teig auf dem Backblech glatt streichen. Die Heidelbeeren darauf verteilen und mit dem restlichen Zucker bestreuen.
4 Den Kuchen im heißen Backofen (mittlere Schiene) etwa 30 Minuten backen, bis er schön gebräunt ist. Den warmen Kuchen vor dem Servieren mit Zimtzucker bestreuen.

Quarkkuchen mit kandierten Früchten

6,8 g Fett/Stück

Zubereitungszeit 50 Minuten Backzeit 45 Minuten Kühlzeit 3 Stunden

Zutaten

Ergibt 12 Stück

Für den Teig

60 g weiche Joghurtbutter

50 g Zucker

1 EL Vanillezucker

60 g Apfelmus

Abrieb von 1 Bio-Zitrone

2 Eier (M)

200 g Mehl

1 Pck. Vanille-Puddingpulver

1 TL Backpulver

Für die Füllung

300 g Cremequark (0,2 %)

200 g Buttermilch-frischkäse

100 g Puderzucker

Abrieb von 1 Bio-Zitrone

2 EL Orangenlikör

75 g kandierte Früchte

50 g Edelbitter-Schokolade

1 EL Pistazienkerne

Außerdem

Kastenform (20 cm Länge)

1 Die Kastenform fetten und mit Mehl ausstreuen. Den Backofen auf 180 °C (Umluft 160 °C, Gas Stufe 2) vorheizen.

2 Die Butter mit dem Zucker und dem Vanillezucker schaumig rühren. Apfelmus und Zitronen-schale untermischen. Nacheinan-der die Eier unterrühren, bis der Teig eine gleichmäßig gelbe Farbe hat. Das Mehl mit dem Puddingpulver und dem Back-pulver mischen, auf den Teig sieben und unterrühren.

3 Den Teig in der Kastenform glatt streichen. Den Kuchen in den heißen Backofen (mittlere Schiene) stellen und etwa 45 Minuten backen. Herausnehmen und abkühlen lassen.

4 Für die Füllung den Creme-quark mit dem Buttermilchfrisch-käse, dem Puderzucker, der Zitronenschale und dem Likör verrühren. Die kandierten Früch-te (einige davon zum Garnieren beiseite legen), die Schokolade und die Pistazien mit einem gro-ßen Messer nicht zu fein hacken und unterrühren.

5 Den Kuchen zweimal quer halbieren, mit etwa zwei Drittel der Creme füllen und wieder zusammensetzen. Mit der restli-chen Creme bestreichen und 3 Stunden kühl stellen. Zum Servieren mit gehackter Schoko-lade, den Pistazien und nach Belieben halbierten kandierten Früchten garnieren.

124

Über dieses Buch

Die Autorin

Charlotte Bucket, geboren in Bremen, hat in den USA studiert und lange als Food-Journalistin gearbeitet. Auf zahlreichen Reisen quer durch den Kontinent machte sie sich mit den Regionalküchen der Vereinigten Staaten vertraut. Heute lebt sie mit ihrem amerikanischen Mann und ihren beiden Kindern auf einem Bauernhof im Allgäu. Seit ihrer Studienzeit ist sie Hobbyköchin und -bäckerin und frönt dieser Leidenschaft nun ausgiebig – sehr zum Vergnügen von Familie, Freunden und Nachbarn.

Haftungsausschluss

Die Inhalte dieses Buches sind sorgfältig recherchiert und erarbeitet worden. Dennoch kann weder die Autorin noch der Verlag für die Angaben in diesem Buch eine Haftung übernehmen.

Bildnachweis

Alle Fotos: Roger Cope; außer: Fotoarchiv Verlagsgruppe Weltbild: Seite 10/11, 15, 23, 25, 27, 29, 35, 37, 39, 43, 45, 47, 49, 51, 53, 55, 57, 59, 61, 63, 65, 68/69, 75, 81, 83, 93, 98/99, 101, 105, 107, 109, 111, 113, 114/115, 119, 123, 125; Stockfood: 103

Impressum

Es ist nicht gestattet, Abbildungen und Texte dieses Buches zu digitalisieren, auf digitale Medien zu speichern oder einzeln oder zusammen mit anderen Bildvorlagen/Texten zu manipulieren, es sei denn mit schriftlicher Genehmigung des Verlages

Weltbild Buchverlag
–Originalausgaben–
© 2009 Verlagsgruppe Weltbild GmbH, Steinerne Furt, 86167 Augsburg
3. Auflage 2009
Alle Rechte vorbehalten

Projektleitung: Dr. Ulrike Strerath-Bolz
Redaktion: Anna Cavelius
Umschlaggestaltung: X-Design, München
Umschlagfoto: © Stockfood (FoodPhotography)
Innenlayout: X-Design, München
DTP/Satz und Layoutrealisation: Lydia Kühn
Reproduktion: Point of Media GmbH, Augsburg
Druck und Bindung: Offizin Andersen Nexö Leipzig GmbH, Zwenkau

Gedruckt auf chlorfrei gebleichtem Papier

Printed in the EU

ISBN 978-3-86800-066-5

Hinweis in eigener Sache

Unsere Rezepte werden von erfahrenen Autoren kreiert und erprobt. Wir freuen uns jedoch über Anregungen, Tipps oder Kritik und helfen bei Fragen gern weiter. Bitte wenden Sie sich an: Weltbild Buchverlag, Steinerne Furt, 86167 Augsburg, oder schicken Sie eine E-Mail an: Gabriele.Beck@weltbild.com

Von A bis Z

A

Apfel-Dinkelschnitten 50

Apfelkuchen mit
  Marmelade 26

Apfelkuchen mit Zwetschgen
  und Quark 20

Aprikosengratin 122

Aprikosentorte mit
  Vanillecreme 28

B

Beschwipste
  Schokoladentorte 56

Birnenkuchen mit Cranberries
  32

Brombeerkuchen mit
  Streuseln 34

Buchweizentörtchen mit
  Ananas 76

C

Cappuccino-Kekse 112

Cranberry-Grießtörtchen 90

Cremeröllchen 92

E

Englischer Obstauflauf 116

Espressokuchen 44

F

Feine Teebrötchen 78

Festliche Litschitörtchen 106

G

Gefüllter Bienenstich 46

Gefüllter Honigkuchen 108

Gewürzsterne 112

H

Heidelbeer-Quarktorte 38

Holunder-Törtchen 78

J

Johannisbeerschnittchen 70

K

Käsesahnetorte mit
  Grapefruit 14

Kirschkuchen 30

Kirschtörtchen 82

Kiwitorte 12

Kleine Apfelkuchen 72

Kleckselkuchen 54

Kokostorte mit
  Rosenblättern 42

Kürbiskuchen 62

L

Luftige Erdbeertörtchen 118

M

Melonenkugeln 82

Mini-Bananen-Bagels 84

Möhren-Ingwertorte 58

Mohnstollen mit Obst 100

Sie haben andere Rezepte, die Sie auf ihren Fettgehalt testen wollen? Das geht inzwischen ganz leicht im Internet, beispielsweise mit www.fettrechner.de. So können Sie jederzeit herausfinden, wo sich das Fett in Ihren Lieblingsgerichten versteckt.

Muffins mit Heidelbeeeren 74
Muffins mit Orangenguss 74

N
Nektarinen-Törtchen mit
  Vanillesauce 88
Nusskuchen mit Pflaumen 12

P
Pfirsich-Joghurtmuffins 86
Preiselbeer-Quark-Torte 30
Pumpernickeltorte mit
  Karamellcreme 52

Q
Quarkcremekuchen mit
  Heidelbeeren 36
Quarkkuchen mit kandierten
  Früchten 124
Quarkstrudel 120
Quittenkuchen 16

R
Rhabarberkuchen mit
  Mandeln 22
Rosinen-Mandelkuchen 48
Rote-Grütze-Torte 60

S
Sauerkirschtorte mit
  Baiser 24
Schneeflockentorte 104
Schneewittchenkuchen 64

Schokocremetorte mit
  Pflaumenmus 18
Schokoladenherzen 110
Süße Quarkbrötchen mit
  Mandeln 80

V
Vanillekuchen 60

W
Warmer Heidelbeer-
  kuchen 122
Weihnachtstorte 102
Weintraubentörtchen 94

Z
Zimttörtchen 106
Zitronentörtchen 96
Zucchinikuchen mit
  Cremeguss 66
Zwetschgenkuchen mit
  Milchreis 26
Zwetschgen-Minis 86

Löffelweise gewogen
1 EL Butter = 15 g
1 TL Butter = 5 g
1 EL Crème fraîche
= 15 g
1 TL Crème fraîche
= 5 g
1 EL Mehl = 10 g
1 EL Öl = 10 g
1 EL Sahne = 10 g
1 TL Salz = 5 g
1 EL Zucker = 15 g

Ganz unterschiedliche Formen
für praktisch jedes Gebäck
bekommen Sie in Online-Shops:
www.der-kleine-backladen.de
oder www.backformen-shop.de.